Hrsg. Rudi Friedrich, Connection e.V.

Gefangen zwischen Terror und Krieg?

Israel / Palästina
Stimmen für Frieden
und Verständigung

Geschichten
Analysen
Positionen

Trotzdem
Verlagsgenossenschaft
Grafenau 2002

Impressum

Gefangen zwischen Terror und Krieg?
Israel/Palästina: Stimmen für Frieden und Verständigung
Geschichten – Analysen – Positionen

Zusammengestellt und herausgegeben
von Rudi Friedrich, Connection e.V., Offenbach

Originalausgabe

Umschlag: Kai Twelbeck/beluga design, Stuttgart
Umschlagfotos: Stefan Philipp
Druck: Fuldaer Verlagsanstalt, Fulda

Trotzdem Verlagsgenossenschaft eG
Postfach 1159
71117 Grafenau

Tel.: 07033/44273
Fax: 07033/45264

trotzdemusf@t-online.de
www.trotzdem-verlag.de
www.txt.de/trotzdem

ISBN 3-931786-29-3

Zu diesem Buch

In dem Sammelband *Gefangen zwischen Terror und Krieg?* befassen sich die Autorinnen und Autoren mit den sozialen und politischen Hintergründen eines Konfliktes, der sich in der Besatzungspolitik und den militärischen Aktionen Israels ebenso ausdrückt wie in den Selbstmordanschlägen der palästinensischen Seite. Einig sind sie sich in der Auffassung, dass auf der Regierungsebene, also der palästinensischen Autonomiebehörde und der israelischen Regierung, kaum Anzeichen für eine Lösung durch Verhandlungen zu finden sind. Im Mittelpunkt der Analysen und Einschätzungen steht deshalb die Frage, welche Möglichkeiten und Chancen es für einen Frieden aus den Gesellschaften heraus gibt.

Ein besonderes Augenmerk gilt dabei den Gruppen und Organisationen in Israel selbst, die sich für ein Ende der Besatzung und für eine friedliche Lösung einsetzen – sei es durch gemeinsame Aktionen von Israelis und PalästinenserInnen oder durch die individuelle Entscheidung, sich dem Dienst in der israelischen Armee zu verweigern. Auf palästinensischer Seite kommt eine zentrale Bedeutung der Forderung zu, die Selbstmordanschläge zu beenden und demokratische Reformen einzuleiten.

Der Herausgeber möchte sich bei den Autoren und Autorinnen aus Israel, Palästina und Deutschland bedanken, die ihre Beiträge für die Veröffentlichung in diesem Buch geschrieben oder zur Verfügung gestellt haben. Dank gebührt auch all denen, die tatkräftig Texte übersetzt oder sich am Lektorat beteiligt haben.

Rudi Friedrich, geboren 1963, ist Maurer und Soziologe. Seit 1993 ist er Geschäftsführer für *Connection e.V.* in Offenbach. Der Verein unterstützt Kriegsdienstverweigerer und Deserteure aus Kriegsgebieten. *Connection e.V.* erhielt 1996 den *Aachener Friedenspreis* und 2001 den *Siegmund-Schultze-Förderpreis*.

Inhaltsverzeichnis

Dossier

Rudi Friedrich

Vorwort

Der Ausbruch der zweiten Intifada wird auf den 28. September 2000 datiert. An diesem Tag besuchte der Führer der damals oppositionellen *Likud*-Partei, Ariel Sharon, den Tempelberg in Jerusalem – einen der heiligen Orte des Judentums. Er demonstrierte damit den Alleinanspruch Israels auf diesen Platz, begleitet von einem polizeilichen Großaufgebot. Der selbe Ort nennt sich im Arabischen Haram el-Sharif und beherbergt unter anderem die Al-Aksa-Moschee. Auch für den Islam ist er eine wichtige heilige Stätte. Der Besuch Sharons wurde daher von der palästinensischen Seite als Provokation empfunden und löste gewalttätige Auseinandersetzungen aus, die schnell auf die Westbank und den Gaza-Streifen übergriffen. Innerhalb von zwei Wochen gab es mehrere Tote auf israelischer Seite, über 100 auf der palästinensischen.

Dies geschah vor zwei Jahren. Seitdem erreichen uns nahezu täglich Nachrichten aus Israel und Palästina, die über Gewalttaten beider Konfliktparteien berichten. Von palästinensischer Seite begann ein Aufstand, der häufig auch als Al-Aksa-Intifada bezeichnet wird. Er macht vor allem durch Selbstmordattentate von sich reden: in Cafés, Bussen oder Diskotheken des israelischen Kernlandes kommen dabei zahlreiche Zivilpersonen ums Leben. Die Anschläge werden vor allem durch die radikal-islamistischen Gruppen *Hamas* und *Islamischer Djihad* ausgeführt; inzwischen aber auch von den *Al-Aksa-Brigaden*, die der *Fatah* nahe stehen, und damit dem gewählten Führer der *Palästinensischen Autonomiebehörde*, Jasir Arafat. Die verzweifelte Situation in den besetzten Gebieten bringt viele Palästinenser und Palästinenserinnen dazu, die Anschläge gutzuheißen, auch wenn verstärkt Kräfte an die Öffentlichkeit treten, die sich gegen die Selbstmordattentate wenden und es eine Mehrheit gibt, die sich für eine neue Orientierung der Al-Aksa-Intifada ausspricht. Darüber hinaus gibt es Anschläge auf die Infrastruktur der israelischen Armee, auf Siedler in den besetzten Gebieten, auf Militärposten und Soldaten. All dies trägt die Züge eines Guerillakampfes, der sich einem militärisch übermächtigen Feind gegenüber sieht.

Mit dem erklärten Ziel, die Selbstmordattentate zu stoppen, setzt die israelische Regierung unter Sharon massiv das israelische Militär in den besetzten Gebieten ein: Straßensperren, Barrikaden und Ausgangssperren bringen dort das Alltagsleben weitgehend zum Erliegen und zeitigen schwerwiegende ökonomische und soziale Folgen. Teile der unter palästinensischer Hoheit stehenden autonomen Gebiete, wie Dschenin oder Ramallah, wurden erneut und wiederholt militärisch besetzt. Ausgangssperren werden verhängt, Flüchtlingslager durchkämmt, Häuser und Infrastruktur zerstört, Zivilpersonen erschossen. Gestützt auf Erkenntnisse des Geheimdienstes tötet das israelische Militär Palästinenser, die verdächtig sind, für Terroranschläge verantwortlich zu sein – ohne Prozess. Oft kommen dabei auch weitere Personen ums Leben.

Es herrscht ein Klima der Angst, die geschürt wird durch eine willkürlich eingesetzte Gewalt auf beiden Seiten. Die mit der Grundlagenerklärung von Oslo genährte Hoffnung auf einen Friedensprozess hat sich als trügerisch erwiesen. Der Vorsitzende der *Palästinensischen Befreiungsorganisation* (PLO), Jasir Arafat, hatte am 9. September 1993 „das Recht des Staates Israel auf Existenz in Frieden und Sicherheit" anerkannt, im Gegenzug bestätigte der damalige israelische Ministerpräsident Itzhak Rabin die PLO „als die Vertretung des palästinensischen Volkes". Damit war erstmals der Weg frei für direkte Verhandlungen zwischen den Konfliktparteien. Die Grundlagenerklärung sah im Wesentlichen einen Zeitraum von fünf Jahren vor für eine „umfassende Friedensregelung sowie eine historische Aussöhnung". In diesen Verhandlungen sollten die „verbleibenden Fragen" geklärt werden, „darunter Jerusalem, Flüchtlinge, Siedlungen, Sicherheitsregelungen, Grenzen".

Der danach einsetzende Friedensprozess ging einher mit einer zivilen Orientierung in der Region. Die palästinensische wie israelische Gesellschaft erlebte eine Demokratisierung und Pluralisierung. Das drückte sich in Palästina nicht nur in Wahlen zum *Selbstverwaltungsrat* aus, sondern auch im Wandel der Geschlechterbeziehungen, wie Uta Klein in ihrem Beitrag ausführt. In Israel nahm während des Friedensprozesses die Bedeutung des Sicherheitsdiskurses ab. Das zeigte sich etwa an einer geringer werdenden Zahl von Wehrwilligen. Nicht einmal 40% der Einberufenen beendete das erste Jahr des Militärdienstes in einem Land, das eine Wehrpflicht für alle jüdischen Bürger und Bürgerinnen kennt. Der wiederaufgeflammte Krieg setzte diesen Tendenzen ein jähes Ende, polarisierte und stärkte die Kräfte, die sich gegen eine Pluralisierung der Gesellschaften wenden.

Die nach dem Grundlagenvertrag von Oslo einsetzenden Verhandlungen zogen sich weit über fünf Jahre hin. Für die palästinensische Bevölkerung verbesserten sich die Lebensbedingungen aber in vielerlei Hinsicht nicht. Israel forcierte in der gesamten Zeit seine Siedlungsprojekte, so dass inzwischen über 200.000 Siedler in den besetzten Gebieten leben. Die damit verbundene Infrastruktur zerschnitt die Westbank und grenzte die als autonom erklärten palästinensischen Gebiete stark ein. Es wurde schwieriger von einem Ort zum anderen zu kommen. Es gab einen enormen Anstieg der Enteignungen palästinensischen Landes, um Umgehungsstraßen und andere Infrastruktur für die israelischen Siedlungen zu errichten.

Hinzu kam, dass sich die *Palästinensische Autonomiebehörde* unter Arafat als inkompetent und korrupt erwies. Die meisten palästinensischen Offiziellen, wie Subhi al-Zobaidi in seinem Beitrag schreibt, „nutzten ihre Macht, um ihre eigenen Interessen zu schützen", nicht jene der ortsansässigen Bevölkerung oder der lokalen Produzenten. Der *Autonomiebehörde* war durch den Grundlagenvertrag von Oslo eine große Machtstellung zugekommen, so dass sie sowohl den Aufbau demokratischer Strukturen verhindern konnte, wie auch die Geldzuwendungen der Geberländer verwaltete. Andererseits war es nicht möglich, die staatliche Souveränität zu erreichen. Die immer wieder genannte Formel „Land für Frieden" – die Rückgabe der besetzten Gebiete durch Israel und die Anerkennung des Staates Palästina durch Israel – gelang nicht. Nach wie vor hält Israel die seit 1967 bestehende und von den Vereinten Nationen verurteilte Besatzung von Teilen der Westbank und des Gaza-Streifens aufrecht.

Dabei scheint relativ klar, wie eine Friedenslösung tendenziell aussehen könnte. Moshe Zuckermann legt dies in seinem Beitrag dar: Israel werde die besetzten Gebiete vollständig räumen müssen, die Westbank wie auch den Gaza-Streifen. Dies sei unter den gegebenen Umständen mit einem Abbau der Siedlungen verbunden, die Israel in den letzten 30 Jahren dort anlegen ließ. Jerusalem müsse zu einer Hauptstadt von zwei Staaten werden, von Israel und Palästina. Und es hätte „zumindest eine symbolische Anerkennung des Rückkehrrechts der Palästinenser" zu geben. Das Ziel müsse aber letztlich sein, eine konföderative Struktur zu schaffen.

Wenn die realpolitische Lösung „Land für Frieden" dermaßen auf der Hand liegt, warum ist sie dann nicht umsetzbar? Offensichtlich wird der Konflikt immer wieder neu ideologisch legitimiert und angeheizt. Auf der palästinensischen Seite treten dabei insbesondere die radikal-islamistischen Gruppen hervor, die die Forderung erheben, den jüdischen Staat zurück ins Meer zu werfen. Auf der israelischen Seite fordern radikale Siedler einen *Bevölkerungstransfer*, also nichts anderes als die Vertreibung der palästinensischen Bevölkerung. Sie stützen ihre Forderung mit der jüdisch-religiösen Ideologie, dass die Westbank heiliges Land der Juden sei.

Die Eskalation der Gewalt ist für beide Gruppierungen ein willkommener Anlass, innerhalb der jeweiligen Gesellschaft die Durchsetzung der eigenen Ziele zu forcieren. Auf der palästinensischen Seite können die Gruppen über den Guerillakrieg ihre Machtpositionen im Namen des Befreiungskampfes nicht nur aufrecht erhalten, sondern sogar ausbauen. *Hamas* und *Islamischer Djihad* setzen auf eine Eskalation, um sich als militärisch handlungsfähige Gruppe gegenüber der PLO zu profilieren und stärkeres politisches Gewicht zu gewinnen. Für Sharon ist es eine Gelegenheit, die *Autonomiebehörde* in die Knie zu zwingen, um die israelische Besatzung zu stabilisieren und auszuweiten. Als ein Ministerpräsident, der sein Amt in den Dienst der Siedler stellt, ist er daran interessiert, die Siedlungsgebiete auszuweiten und deren Position zu stärken. So haben die Hardliner beider Seiten nicht nur ein Interesse an der Aufrechterhaltung des Status quo, sondern auch daran, den Konflikt auf hohem Niveau fortzusetzen. Moshe Zuckermann weist zudem auf ein Komplementärverhältnis der israelischen wie palästinensischen Fundamentalisten hin: „In ihrem je eigenen Interesse instrumentalisiert jede Seite die Untaten der anderen und macht sie öffentlich-moralisch zum Politikum."

Das gelingt ihnen umso eher, als beide Gesellschaften stark militarisiert sind. So werden in der palästinensischen Gesellschaft die sogenannten Märtyrer, d.h. Selbstmordattentäter, verherrlicht und der militärische Kampf idealisiert. Zu betonen ist, dass es sich dabei um die Verherrlichung eines männlichen Kämpferbildes handelt. Schon bei der ersten Intifada zwischen 1987 und 1993 fand die militärische Konfrontation vor allem zwischen israelischen Soldaten und palästinensischen jungen Männern statt. Der Widerstand der palästinensischen Gesellschaft, so Uta Klein, „hat sich gleichsam in die männlichen Körper eingraviert, der männliche misshandelte Körper wurde einerseits zur symbolischen Verkörperung der Machtlosigkeit, aber andererseits auch zur Verkörperung des Widerstandes und des Kampfes." Andere Formen des Widerstandes wurden an den Rand gedrängt. Es ist von daher nicht erstaunlich, dass Subhi al-Zobaidi in seinem Buchartikel feststellt, dass die Alternativlosigkeit des palästinensischen Widerstandes ein wesentlicher Grund dafür ist, dass *Hamas* und *Islamischer Djihad* dermaßen Zulauf gewinnen konnten.

Israel ist ein hochmilitarisierter Staat, das wird schon deutlich an der ständig sichtbaren Präsenz der Soldaten und Soldatinnen im Land. Der Einfluss des Militärs reicht aber weit in die Gesellschaft hinein. Die meisten Politiker sind ehemalig ranghohe Militärs. Die politische Kultur ist vom militärischen Diskurs geprägt und das Militär ist im gesamten Leben immer präsent, in der Schule, in der Wirtschaft, in der Familie. Ein Grund dafür ist das Konzept des Zionismus, das den *neuen Juden* als eine wehrhafte Person ideologisierte, als Gegensatz zum Juden in West- und Osteuropa, der nahezu wehrlos den Pogromen und Übergriffen ausgesetzt war. Es ist insbesondere eine Antwort auf die Verfolgung und Vernichtung derjenigen, die der Nationalsozialismus als Juden und Jüdinnen deklarierte, ein Trauma, das bis heute Wehrhaftigkeit als oberste Maxime setzt. *Nie wieder Auschwitz* heißt da, militärisch stark zu sein, ein schlagkräftiges Militär zu haben, das jede Bedrohung parieren kann.

Auch die Rolle des Mannes in der israelischen Gesellschaft ist davon geprägt. Der Militärdienst wird als wesentlicher Bestandteil der Initiation eines Jungen zum Mann und als *Schule der Nation* betrachtet. Während des Dienstes werden das Kollektivbewusstsein und Solidaritätsgefühl gegenüber der eigenen Gruppe gefordert und gefördert, was in der israelischen Gesellschaft sehr hohen Stellenwert hat, wie es Endy Hagen in ihrem Beitrag darstellt.

Damit sind einige von den Autorinnen und Autoren beschriebenen Widerstände benannt, die eine Friedenslösung behindern. Sie machen zugleich deutlich, dass auf der Regierungsebene, also der *Palästinensischen Autonomiebehörde* und der israelischen Regierung, kaum ernsthafte Anzeichen für eine wirkliche Lösung durch Verhandlungen zu finden sind. Im Mittelpunkt der Analysen und Herangehensweisen dieses Buches steht deshalb die Frage, welche Möglichkeiten und Chancen es für einen Frieden aus den Gesellschaften selbst heraus gibt.

Nicht allzu viele Ansätze sind dazu bislang in der palästinensischen Gesellschaft zu sehen. Das wurde schon dadurch deutlich, dass es uns bei der Zusammenstellung der Texte kaum gelang, kritische palästinensische Stimmen zu finden – obwohl es sie gleichwohl gibt. Die angespannte Situation und der Druck der radikalen Gruppen sorgen dafür, dass die öffentliche Kritik im eigenen Lager verstummt ist: eine schwere Hypothek für alle Bemühungen, basisorientierte Reformen durchzusetzen. Denn es wird bei allen Beiträgen klar: Der Aufbau einer zivilen Gesellschaft braucht gerade den politischen Freiraum, den der jetzige Krieg verhindert. So erscheint die in den Reportagen von Subhi al-Zobaidi angeführte Aussage der palästinensischen Feministin Islah Dschad als notwendige, sicherlich in der derzeitigen Situation utopische Aussicht: „Ich stelle mir etwas vor, was wir früher schon einmal hatten: Eine linke Strömung mit einer klaren sozialen Philosophie, eine, die den Geist stärkt, die kulturelle Offenheit statt Isolation propagiert, die eine dynamische Wirtschaftspolitik vertritt anstelle unserer heutigen eigennützigen Wirtschaft, wo die Reichen die Armen fressen.“ Und es würde notwendigerweise eine Abkehr von einer Politik bedeuten, die auf die Verhandlungsbemühungen der palästinensischen wie israelischen Regierungen setzt.

Beim Ausbruch der Al-Aksa-Intifada waren die Friedenskräfte in Israel nahezu paralysiert. Das Scheitern der Verhandlungen in Camp David und Taba sorgte in der israelischen Gesellschaft für eine Desillusionierung. In Verbindung mit der Kampagne des damaligen Ministerpräsidenten Barak, der die palästinensische Seite für das Scheitern verantwortlich machte, griffen viele auf die Vorstellung zurück, dass nur militärische Strategien Erfolg haben könnten. Auf diesem Hintergrund konnte Ariel Sharon schließlich eine sehr hohe Zustimmung bei seiner Wahl zum Ministerpräsidenten im Februar 2001 erhalten.

Erst allmählich lebte die israelische Friedensbewegung wieder auf. Die radikaleren Kräfte sahen sich politisch gefordert, als bei einem Einsatz gegen palästinensische Demonstranten Anfang Oktober 2000 im Kernland Israel dreizehn arabische Staatsbürger Israels starben. Damit, so Reuven Kaminer in seinem Artikel, wurde diesen Friedensengagierten schlagartig klar, dass prinzipielle Solidarität mit den arabischen Bürgern in Israel verlangt sei. „Andauernde Besatzung bedeutet Unterdrückung und Gewalt beiderseits der *Grünen Linie*“, in den besetzten Gebieten, wie im Kernland Israel. Stärkeren Zulauf erhielt die Friedensbewegung aber erst Anfang 2002, als zunehmend deutlich wurde, dass der Kreislauf von Attentaten durch die palästinensische Seite und Liquidierungen sowie militärischen Aktionen durch die israelische Seite kein Ende der Gewalt herbeiführen konnte.

Im Gegensatz zu den Friedensaktivitäten gegen den von 1982 bis 1998 währenden Libanonkrieg, bei denen Hunderttausende in Israel auf die Straße gingen und protestierten, erscheint die Friedensbewegung heute immer noch als eine marginalisierte Gruppe innerhalb der israelischen Gesellschaft. Die wachsende Zahl der *Refuseniks*, die die Ableistung des Militärdienstes in den besetzten Gebieten verweigern und die stetig größer werdenden Demonstrationen zeigen aber auch an, dass die israelischen Friedenskräfte stärkere politische Kraft gewinnen könnten. „Es geht darum“, so Moshe Zuckermann, „dass die politische Relevanz der Verweigerer so stark wird, dass sie im gesellschaftlichen Diskurs verhandelt werden muss, nicht mehr zu übersehen und zu ignorieren ist." Er setzt dabei insbesondere auf den *Offenen Brief* von Reservisten und Soldaten vom Januar 2002. Sie hatten genau darauf geachtet, „die Grundüberzeugungen zu betonen, die sie mit dem israelischen Konsens verbindet", so Reuven Kaminer. Aber sie weigern sich, „jenseits der Grenzen von 1967 zu kämpfen, um ein ganzes Volk zu beherrschen, zu vertreiben, zu entwürdigen oder es hungern zu lassen."

Erstmals haben zudem junge Wehrpflichtige in größerer Zahl den Dienst in der *Israelischen Verteidigungsarmee* vollständig verweigert und damit eine grundsätzlichere Position gegen den Militärdienst bezogen. Sie verweigern den Dienst nicht nur in den besetzten Gebieten, sondern auch in den Versorgungseinheiten und im Kernland Israel. Endy Hagen weist in diesem Buch auf die besondere Bedeutung dessen hin: Es ist der „offene Bruch mit dem herrschenden Konsens, dem zufolge das Überleben Israels nur mit einer starken Armee sichergestellt werden kann".

Die in diesem Buch dokumentierten Verweigerungserklärungen geben einen Eindruck der politischen Breite der Begründungen. Mit ihren je persönlichen Sichtweisen schildern vier Verweigerer und eine Verweigerin eindringlich ihre Zerrissenheit im Konflikt, aus der sie sich nur durch eine klare Entscheidung befreien können: NEIN zu sagen.

Von großer Relevanz ist auch, dass über Organisationen wie *Ta'ayush* (Partnerschaft) gemeinsam von Palästinensern und Israelis getragene Aktionen gegen Straßenblockaden, zum Wiederaufbau zerstörter Häuser in den besetzten Gebieten und anderes mehr durchgeführt werden. Der notwendige Dialog, die notwendige Verständigung, findet in all diesen Aktionen ganz praktisch statt und weist einen Weg aus der Gewalt.

Ganz bewusst wenden wir uns mit der Auswahl der Beiträge dieses Buches gegen eine Politik, die sich mit einer der beiden militärisch agierenden Seiten solidarisiert. Es ist für uns selbstverständlich, dass die israelische Militärpolitik ebenso zu kritisieren ist, wie eine von Gewalt bestimmte Politik palästinensischer Gruppen. Der Abzug der israelischen Armee aus den besetzten Gebieten ist im Interesse der israelischen Bevölkerung, weil die Fortsetzung ungerechter Verhältnisse eine entscheidende Basis für die andauernde Gewalt ist. Der darauf fußende „Terrorismus kann nicht militärisch bezwungen, er kann nur politisch überwunden werden", so Uri Avnery.

Es gilt, die Kräfte zu unterstützen, die sich für einen Prozess der Deeskalation einsetzen, da sie verstanden haben, dass sich eine militărische Eskalation längst nur noch gegen die Gesellschaften selbst richtet. Die an der Basis entwickelten Initiativen zum gegenseitigen Interessensausgleich und der gegenseitigen Anerkennung sind dafür ein wichtiger Bestandteil. Es braucht darüber hinaus auch Ansätze, den herrschenden Konsens in beiden Gesellschaften in Frage zu stellen. All dies kann Dynamiken in Gang setzen, die die Logik der Gewalt aufbrechen. Für uns gilt, so Rafik Schami, „kritisch versöhnend, nicht blind für eine Seite Partei nehmend, etwas zu bewirken. Wer fanatisch für eine der Seiten ist, ist auch schon gegen sie. Es gibt kein Überleben der Palästinenser ohne die Israelis und umgekehrt."

Gespräch mit Moshe Zuckermann

Israel steht am Scheideweg

Was sind die wesentlichen Gründe, dass der Konflikt zwischen Israel und Palästina immer weiter eskaliert? Warum hat die Rolle des Militärs in Israel einen derart hohen Stellenwert? Welche Möglichkeiten und Widerstände gibt es auf der palästinensischen Seite bezüglich einer Friedenslösung? Warum beharrt die israelische Gesellschaft auf militärische Logik, obwohl offensichtlich ist, dass sich der Terror der Selbstmordattentate nicht mit militärischer Gewalt bekämpfen lässt und das zivile Leben zurzeit praktisch zum Erliegen gekommen ist? Welche Perspektiven könnten aus der Sackgasse herausführen?

Über diese und andere Fragen sprachen wir im Sommer 2002 mit Prof. Dr. Moshe Zuckermann, Historiker an der Universität Tel Aviv. Mehr als anderthalb Jahre nach Beginn der Al-Aksa-Intifada berichtete er über die gegenwärtige Verfassung der israelischen Gesellschaft, deren Zersplitterung und Militarisierung – und über den Hoffnungsschimmer, der sich am Horizont zeigt: größere Friedensdemonstrationen und eine wachsende Zahl von Verweigerern. (Anm. d. Hrsg.)

Der gescheiterte Friedensprozess von Oslo

Welche Ursachen sehen Sie für das Scheitern des Osloer Friedensprozesses, der praktisch nach dem zweiten Camp-David-Treffen im Sommer 2000 abgebrochen wurde?

Zunächst einmal muss ich sagen: Mit dem 1993 von Rabin und Arafat unterzeichneten Oslo-Abkommen hat es historisch reale Möglichkeiten gegeben, den Konflikt auf eine Ebene zu leiten, der eine tendenzielle Lösung hätte hervorbringen können. Das sage ich, obwohl ich das Abkommen schon damals als Kapitulationsfrieden der Palästinenser angesehen habe.

Das Angebot, das Barak den Palästinensern dann im Jahre 2000 in Camp David machte, das ist klar, gab es von keinem anderen israelischen Politiker zuvor – weder von Peres noch von Rabin. Es enthielt weit mehr Zugeständnisse. Warum aber hat es Arafat zurückgewiesen?

Ob das Angebot wirklich so fabelhaft war, ist zu untersuchen. Ich denke, dass sich im Oslo-Prozess und den Verhandlungen eines erwiesen hat: Vom palästinensischen Standpunkt aus betrachtet wird kaum Frieden zu haben sein ohne eine totale Räumung der besetzten Gebiete, dem Gaza-Streifen und der Westbank; ohne den Abbau aller Siedlungen, die in den letzten 30 Jahren angelegt worden sind; ohne eine Lösung der *Jerusalem-Frage* im Sinne einer Zwei-Staaten-Lösung – Jerusalem als Hauptstadt von Israel und Palästina; und ohne eine zumindest symbolische Anerkennung des Rückkehrrechts der Palästinenser, die dann freilich politisch und unter den für Israel annehmbaren Bedingungen konkret auszuhandeln wäre.

In Camp David und Taba kamen alle diese Faktoren zur Sprache. Barak ging aber davon aus, dass es sich um eine abschließende Lösung des Konflikts handle, nach der die Palästinenser keine Ansprüche mehr an Israel stellen würden. Er war bereit, große Teile der Westbank und des Gaza-Streifens zurückzugeben. Er war bereit, einen großen Teil der Siedlungen abzubauen. Es war sogar ein Kompromiss vorstellbar, nach dem den Palästinensern Ersatzland auf israelischem Kernterritorium für bestehen bleibende Siedlungen angeboten werden sollte. Selbst bei der *Jerusalem-Frage* gab es Fortschritte, denn zumindest wurde das für viele Israelis bestehende Tabu durchbrochen, dass Jerusalem nicht angerührt werden dürfe. Barak bot aber weder eine historische Anerkennung des an den Palästinensern begangenen Unrechts an, noch eine auch nur symbolische Anerkennung ihres Rückkehrrechts. Das konnten die Palästinenser nicht als Abschluss des Verhandlungsprozesses akzeptieren. Baraks Vorschlag war also weit reichend, aber er war eben nicht weit genug gegangen. Der israelische Publizist Uri Avnery hat dafür eine zutreffende Analogie formuliert: „Man ist mit 20 Kilometern mehr gelaufen als 10 Kilometer, aber der Marathonlauf ist erst nach 42,195 Kilometer beendet.“ Letztendlich hat sich wohl Barak aus den Verhandlungen zurückgezogen, als ihm klar wurde, dass er die Parlamentswahlen verlieren würde, mithin sein Angebot an die Palästinenser in Israel ohnehin nicht durchsetzen konnte.

Wie stellt sich denn die aktuelle Situation für die Palästinenser dar?
Was für die jüdischen Israelis 1948 die Gründung eines eigenen Staates und somit ihre nationale Emanzipation war, bedeutete für die Palästinenser, ihre Nachbarn, eine Katastrophe. Diese besteht seit nunmehr über fünfzig Jahren fort, nicht nur als Ideologie, sondern als tagtägliche Realität, als eine Degeneration von ganzen Lebenswelten. Sie zeigt sich in Ausbeutung, Verfolgung, Gewalt und Ermordungen. Es ist eine Repression, die nicht nur dann zutage tritt, wenn Blut

fließt, sondern auch im alltäglichen Leben, wenn man beispielsweise sieht, wie Menschen im Flüchtlingslager leben.

Daher wird es eins nicht geben: Dass die Palästinenser mit dem Widerstand, dem Guerillakrieg, auch nicht mit dem barbarischen Terror aufhören, solange die Ursache für all die Aktionen der Palästinenser nicht aus der Welt geschaffen ist: die Okkupation. Ich kenne historisch kein einziges Beispiel eines Landes, eines Volkes, das längerfristig bereit war, die Unterdrückung durch ein anderes Kollektiv hinzunehmen.

Die Gewalt ist geprägt von einem massiv handelnden israelischen Militär und den Guerilla- bzw. Terroraktivitäten der Palästinenser. Es kann nicht von einer militärischen Auseinandersetzung die Rede sein, sondern von einer asymmetrischen Situation zwischen einer der stärksten Militärapparate der Welt und einer Befreiungsbewegung, die zwangsläufig auf den Guerillakrieg angewiesen ist.

Kann denn der von der israelischen Regierung forcierte militärische Einsatz die Selbstmordanschläge beenden?

Den Terror der Selbstmordanschläge kann man gar nicht militärisch bekämpfen – gerade wegen seiner Unsichtbarkeit, wegen seiner elastischen Infrastruktur. Das dürfte eigentlich allen klar sein. Das Militär kann zeitweise Stützpunkte des Terrors ausheben, aber nur, um in Kauf zu nehmen, dass dabei immer neue Terroristen geschaffen werden. Man kann nur die ökonomischen, mithin sozialen Ursachen des Terrors bekämpfen. Aber auch der palästinensische Terror, so gezielt und durchdacht er eingesetzt werden mag, kann den fortwährenden Zustand einer Jahrzehnte dauernden Okkupation nicht beseitigen. Es gibt keine militärische Lösung für das politische Problem.

Wenn Israel weiterhin ein Okkupationsregime bleibt, dann wird sich der Terror nicht in Wohlgefallen auflösen. Er stellt doch die Kampfwaffe der Armen, der Unterlegenen, der Verfolgten dar, so brutal und inhuman er an sich sein mag. Bleibt die Situation so, wird Israel für meine Begriffe längerfristig in seiner Existenz bedroht sein. Es kann nicht ewig im Zustand des Krieges existieren.

Aber es ist doch nicht nur ein Herrschaftsverhältnis zwischen Israel und Palästina, wie Sie es hier pointiert skizzieren. In Israel gab es auch kritische Stimmen zum Osloer Abkommen: Es sei nur geschlossen worden, weil es im Interesse der Bourgeoisie auf beiden Seiten war. Sehen Sie das anders?

Es gab erst einmal die Ebene der Machtverteilung zwischen Israel und Palästina. In den Augen vieler Palästinenser, aber auch israelischer

Linker, war dies ein Kapitulationsfrieden, mit dem Israel eine Okkupation mit friedlichen Mitteln fortsetzen wollte. Das ist die eine Ebene.

Die andere Ebene hatte der jetzige Außenminister Peres von der *Arbeitspartei* schon in den 90er Jahren angesprochen, als er immer vom „neuen Nahen Osten" redete, wenn er von Frieden sprach. In der Tat meinte er damit eine ökonomische Expansion Israels in den Nahen Osten hinein, im Interesse von Kapital und Industrie.

Ähnliches gilt natürlich auch für die Träger des Kapitals auf der palästinensischen Seite, das Bürgertum, die finanzstarken Schichten der Gesellschaft. Es ist vollkommen klar, dass etwa der Bauboom, der in Ramallah und Gaza im Rahmen des Oslo-Prozesses eingesetzt hatte, vor allem eine Schicht von Bauherren und Bauinvestoren sehr reich werden ließ. Die große Masse der ökonomisch Unterbemittelten der palästinensischen Gesellschaft hat davon herzlich wenig gehabt.

Man kann also in der Tat sagen, dass Frieden unter kapitalistischen Bedingungen sich immer auch als ein Prozess zugunsten des Handels und des Kapitals entfaltet. Die auf Profit ausgerichteten Träger der Ökonomie sind die großen Gewinner, wenn eine auf Frieden basierende wirtschaftliche Konjunktur entsteht. Das soll aber keineswegs heißen, dass Frieden nicht das Ziel sein sollte. Es soll ganz im Gegenteil bedeuten, dass dieser Frieden die Vorbedingung zur Bekämpfung des Kapitalismus wäre.

Gegenwärtig eskaliert die Gewaltspirale. Um dem ein Ende zu setzen, sprechen Sie davon, dass Israel zuallererst die Okkupation beenden müsse. Welche Szenarien sehen Sie für die israelische Gesellschaft?

Ich sehe ein Horrorpanorama. Israel steht am Scheideweg. Eine endgültige Lösung des Konflikts stellt für die jüdische Bevölkerung Israels mehr oder weniger eine Entscheidung dar zwischen Skylla und Charybdis, zwischen Pest und Cholera. Ich will die verschiedenen Szenarien kurz benennen:

Im ersten Szenario würde Israel die besetzten Gebiete – und hier rede ich vor allem von der Westbank – zurückgeben. Dann reicht es durchaus aus, dass sich 5.000 Hardliner der Siedlerbewegung in der Westbank verschanzen und sagen: „Nur über unsere Leichen." Damit käme es zu einer Situation, in der der Staat Israel gefordert wäre, sein Gewaltmonopol gegen die Siedler einsetzen zu müssen, in der unter Umständen Juden auf Juden schießen würden, was eine Spaltung der israelisch-jüdischen Gesellschaft zur Folge hätte. Dieses Szenario birgt zumindest potenziell die Tendenz eines Bürgerkrieges in sich.

Ich sage nicht, dass es so kommen muss, aber es ist für viele Israelis eine zu befürchtende Bedrohung.

Sollte sich Israel aber entscheiden, die Gebiete nicht zurückzugeben, was ja bislang der Fall ist, dann gibt es zwei mögliche Varianten für das zweite Szenario:

Eine Variante würde ich als *linke* bezeichnen, die unter anderem von dem Jerusalemer Meron Benvenisti vertreten wird. Er sagt, dass die in den letzten 25 Jahren entstandene Infrastruktur in den besetzten Gebieten im Grunde irreversibel sei. Es sei schlechterdings unmöglich geworden, alles zurückzugeben, da so viel investiert worden sei und in diesen Territorien inzwischen sehr viele Menschen, über 200.000 Juden, lebten.

Die zweite Variante ist die rechtsextreme, die postulierte Nichtrückgabe der Gebiete. Dies würde objektiv bedeuten, dass Israel in einem Dauerzustand der Okkupation und der akuten Gewalt verharrt.

Weigert man sich, die Gebiete zu räumen – unabdingbare Voraussetzung einer jeglichen künftigen Regelung – dann müsste die gesamte palästinensische Bevölkerung in den israelischen Staat integriert werden. Unabhängig davon, ob sich die Palästinenser je auf eine solche Lösung einlassen würden, hätten damit beide Varianten objektiv zur Folge, dass eine binationale Struktur geschaffen würde, dass quantitativ die Verhältnisse binational durchwirkt sind. So hat Israel also, wenn es von zionistischer Warte zum Schlimmsten kommt, letztlich die Wahl zwischen einem potenziellen Bürgerkrieg und einer binationalen Struktur.

Der entscheidende Punkt ist: Damit wären gerade die zentralen Postulate des Zionismus aufgehoben. Alle aufgezeigten Varianten bedeuten für den jüdischen Israeli, der sich als Zionist versteht, dass das zionistische Projekt historisch mehr oder weniger ad acta gelegt wäre.

Das ist der Grund, warum die israelische Gesellschaft in einem Zustand verharrt, in dem keine Entscheidung getroffen wird. Lieber werden Terroranschläge hingenommen, es wird sogar hingenommen, dass das eigene, so hoch gelobte Militär in die Westbank eindringt und sich dort barbarisch gebärdet. Die jüdische Bevölkerung Israels ist eher bereit, dies alles hinzunehmen, als eine historische Entscheidung an dieser Weggabelung zu treffen. Diese muss aber getroffen werden. Es ist eine Entscheidung, die bedeuten könnte, dass das große zionistische Experiment beendet wird, dass die eigene Identität wesentlich zu transformieren ist, dass man sich von nationalen Mythen verabschieden muss, die seit nunmehr über hundert Jahren bestehen.

Politisch-religiöse Grundannahmen des Zionismus

Sie sprechen davon, dass Israel an einem Scheideweg steht. Als eine Ursache für ein Verharren in der aussichtslos erscheinenden Gewalteskalation sehen Sie die im Zionismus wurzelnde Definition des israelischen Staatsbürgers. Welche Grundannahmen sind damit verbunden?

Sehen Sie, der Zionismus basiert als Ideologie auf einem negativen Moment. Ein zentrales Postulat ist die so genannte *Negation der Diaspora*, im Hebräischen *schlilat ha'galut*, die Aufhebung des Exillebens der Juden in aller Herren Länder. Sie wissen ja, dass die Juden über nahezu 1.900 Jahre überall in der Welt verstreut waren.

Zu unterscheiden ist hier der politische Zionismus vom religiösen Zionismus. Im religiösen Zionismus heißt es, eines Tages werde der jüdische Messias kommen, und dann wird das gesamte Volk Israel im Land der Urväter versammelt werden. Der politische Zionismus, der durch Moses Hess in der Mitte und besonders durch Theodor Herzl zu Ende des 19. Jahrhunderts entwickelt wurde, wollte dieses religiöse Moment in ein praktisch-politisches Programm umsetzen. Es sollte eine jüdisch-nationale Heimstätte entstehen. Die Idee des Staates wurde konzipiert, bevor es konkrete Vorstellungen über ein Territorium, bevor es einen kollektiv institutionalisierten Rahmen, bevor es überhaupt eine Gesellschaft gegeben hat. Es waren osteuropäische Sozialisten und zentraleuropäische Liberale, die diese Idee in ihren Kämpfen entwickelten.

Damit die *Idee Israel* verwirklicht werden konnte, musste ein Territorium bestimmt werden. Und an dieser Stelle rekurrierte der politische Zionismus, obwohl er ein säkulares Verständnis von sich selbst hatte, auf ein biblisches Moment. Eine moderne politische Bewegung, die nationale Befreiungsbewegung des jüdischen Volkes, begründet ideologisch die Entscheidung für das Territorium der Staatsgründung (Palästina) also mit einem biblischen Mythos, indem sie auf Gottes Verheißung des Heiligen Landes verweist.

Damit dieses Gebiet jüdisches Territorium werden konnte, musste es erst eingenommen werden. Hier besagt ein Topos des Zionismus: „Ein Land ohne Volk für ein Volk ohne Land." Es stimmt zwar, dass es ein Volk ohne Land war. Der zweite Teil der Aussage traf aber ganz und gar nicht zu. Denn es gab damals eine Bevölkerung im späteren Territorium von Israel: die Palästinenser. Es ist daher eine historische Tatsache, dass ein bereits bevölkertes Gebiet territorial erobert wurde. Zunächst geschah dies mittels Besiedlungspolitik und ökonomischer Technik (Landkauf) – nicht unbedingt militärisch. So führte das erste Postulat des Zionismus, die *Negation der Diaspora* in der Praxis zur Besiedlung des Landes. Die auf der Welt verstreut lebenden Juden sollten das Exilleben in ihren Residenzländern aufgeben und in das Land Israel immigrieren.

Komplementär dazu entstand ein zweites Postulat: die Erschaffung des *neuen Juden*. Auch dieses Postulat basiert auf einem negativen Moment, nämlich der Schaffung eines negativen Spiegelbildes des Diasporajuden. Was war der Diasporajude? Er war nicht wehrhaft, er war ein Verfolgter. Er war einer, der sich aus historischen Gründen oft in Berufen der Zirkulationssphäre betätigte, vom Hausierer über den Kleinhändler bis hin zum Großhändler und Bankier. Der *neue Jude* sollte neue Berufe haben. So ist es bezeichnend genug, dass man im zionistischen Judentum den Berufsstand des Bauern zum Ideal erhob, während sich Europa nach und nach vom Bauerntum verabschiedete, um in die Industriekultur der Moderne überzugehen. Im vorstaatlichen Israel ein Pionier zu sein hieß, die objektive historische Regression des Bauernseins durchleben zu können. Das hing natürlich auch mit der Frage des Territoriums zusammen. Da Palästina in den Augen der Zionisten ein unbewohntes und zudem unfruchtbares Land war, musste es fruchtbar gemacht werden – und zwar als zionistische Pioniertat.

Der *neue Jude* sollte darüber hinaus auch nationalen Stolz haben und vor allen Dingen wehrhaft sein. Im Zionismus gibt es bis in die letzte Grafik hinein Darstellungen von Heiligen, Visual-Ikonen, die mit dem einen Arm den Pflug betätigen, mit dem anderen das Gewehr, mit dem einen Arm den Bauern symbolisieren, mit dem anderen die Wehrhaftigkeit. Dieses Motiv zieht sich auch durch Lieder, die Lyrik und letztlich die gesamte literarische Kultur. Gerade auch vor dem Hintergrund einer zweitausendjährigen Verfolgungsgeschichte, die in Auschwitz kulminierte, hob die nationale Befreiungsbewegung des jüdischen Volkes die Wehrhaftigkeit als Tugend mit besonderer Emphase hervor. Nach dem Holocaust galt es als endgültig bewiesen und erwiesen, warum Juden stark sein müssen, warum dem Militär ein so hoher Stellenwert in der politischen Kultur Israels und im Selbstverständnis der in Israel lebenden Juden eingeräumt wurde.

Aus diesen beiden Grundpostulaten, der *Negation der Diaspora* und der Schaffung des *neuen Juden*, erwuchsen schließlich zwei weitere Forderungen: Erstens müssen sich in einem zukünftig zu gründenden Staat Israel alle Diasporagemeinschaften versammeln, im Hebräischen *kibbutz galujot* genannt. Und zweitens müssen diese in

Israel in einem *melting pot* miteinander *verschmelzen*, im Hebräischen als *misug galujot* bezeichnet.

Die jüdischen Gemeinschaften der Diaspora hatten und haben sich aber doch offensichtlich sehr unterschiedlich entwickelt. Auf welcher Grundlage sollte denn da eine Verschmelzung erfolgen?

Zunächst will ich noch einmal auf Folgendes hinweisen: Auf dem Territorium des späteren Israel lebte schon eine palästinensische Bevölkerung, die mehr oder minder vom Zionismus ignoriert wurde. Es war mitnichten ein unbewohntes Land.

Aber es geht darüber hinaus: Der klassische westlich-modernistische Zionismus postulierte, dass man Leute zusammenbringen müsse, die im Grunde genommen keinen gemeinsamen Nenner hatten, um aus ihnen eine Melange zu schaffen, die den *neuen Juden* hervorbringen würde. In dieser Utopie kamen aber beispielsweise die orientalischen Juden so gut wie gar nicht vor.

Das einzig Bindende für die in alle Welt verstreuten jüdischen Exilgemeinschaften war das religiöse Moment. Neben der *Negation der Diaspora* und der Schaffung des *neuen Juden* wurde vor allem das Religiöse als etwas positiv Bestehendes zur Selbstbestimmung der Juden herangezogen.

So griff der Zionismus auf zweierlei Ebenen auf das Religiöse zurück. Er erhob den Anspruch auf eine moderne nationale Heimstätte und führte hierfür an, dass *Erez Israel* historisch jüdisches Land sei, den Juden von Gott versprochen. Und er integrierte das religiöse Moment als einzige real bestehende Möglichkeit, das jüdische Kollektiv positiv zu festigen. In die auf westlicher Tradition basierende Vorstellung eines bürgerlichen Nationalstaates, bei dem der Begriff des Bürgers formal bedeutet, dass das Individuum durch keinerlei Partikularfaktoren zu diskriminieren sei, wurde die Staatsangehörigkeit durch das Kriterium der Religion, eben durchs Judesein, bestimmt.

Israel, eine fragmentierte Gesellschaft

Damit spielt das Religiöse also eine zentrale Rolle in der israelischen Gesellschaft, obwohl doch ein großer Teil der Bürger keine Juden sind. Wie geht Israel dann mit der faktischen religiösen und ethnischen Zersplitterung um?

Es sei nochmals hervorgehoben: Das Religiöse spielt als Ideologie des Selbstverständnisses, weniger als wirklicher Glaube eine Rolle. Nun zu Ihrer Frage: Juden europäischer Herkunft oder mit europäischen Vorfahren, *ashkenasische* Juden, beherrschen bis heute größtenteils die ökonomischen, politischen, wissenschaftlichen und kulturellen Bereiche der israelischen Gesellschaft. Auch wenn sich das heute allmählich ändert, werden die israelischen Unterschichten, von wenigen Ausnahmen abgesehen, weitgehend von orientalischen Juden und Arabern gebildet.

So lebt in Israel eine etwa 15-20 %ige Minorität israelischer Palästinenser. Sie sind als nichtjüdische Minderheit formal als volle Staatsbürger anerkannt. Real sind sie aber Bürger zweiter Klasse. Sie wurden über Jahrzehnte bei der Verteilung von Ressourcen und der Entwicklung der Infrastruktur diskriminiert. Darüber hinaus gibt es eine unsichtbare Ausgrenzung: Israelische Araber haben so gut wie keinen Zugang zu den Eliten in Israel; keine jüdische Regierung hat je erwogen, sie als Koalitionspartner in die Regierung einzubeziehen. Das gilt selbst für Itzhak Rabin, der ihre Unterstützung seinerzeit bitter nötig hatte.

Zudem gibt es in Israel starke Klassenunterschiede. Es besteht eine große Spanne zwischen den oberen und unteren Einkommensschichten, eine der größten innerhalb der ökonomisch entwickelten Länder. Das ist gerade in Israel eine bemerkenswerte Tatsache, da die politische Ideologie ursprünglich sozialdemokratischen Idealen anhing, früher noch gar sozialistischen.

Hinzuweisen ist auch darauf, dass seit 1990 rund eine Million ehemals sowjetische Staatsbürger nach Israel eingewandert sind. Dabei wurde die israelische Demographie stark verändert. Es handelte sich um eine Einwanderungswelle, bei der sich die Einwanderer nicht von vornherein in die israelische Gesellschaft integrieren wollten. Ähnlich wie die Juden, die in den 20er und 30er Jahren aus Deutschland ins damalige britische Mandatsgebiet einwanderten und meinten, ihre kulturelle Herkunft, ihre Berliner oder Wiener Lebenswelt aufrechterhalten zu können, sagen auch viele heutige russische Einwanderer, sie seien aus ökonomischen Gründen gekommen. Viele von ihnen wollen sich nicht in die israelische Kultur integrieren, denn sie brächten die „eigentliche" Kultur ins Land. Soziologisch betrachtet, entsteht hier eine Diskrepanz gesellschaftlicher Identifikation. Perverserweise kam es erst in letzter Zeit zu einer größeren Konsolidierung der gemeinschaftlichen Solidarität, als bei einem palästinensischen Bombenanschlag vorwiegend Jugendliche ums Leben kamen, die aus der ehemaligen Sowjetunion stammten. Da hieß es: „Auch wir – die russischen Einwanderer – haben unseren *Blutzoll* entrichtet, auch wir sind ein Teil der prekären Sicherheitssituation Israels."

Bürgerkriegsszenario

Es gab nach dem 1979 mit Ägypten abgeschlossenen Abkommen auch einen Rückzug aus dem Sinai und eine Aufgabe von Siedlungen in diesem Gebiet. Sicher wären bei einem Rückzug aus der Westbank viel mehr Siedlungen und etwa 200.000 Siedler betroffen. Aber warum sehen Sie jetzt im Falle der Rückgabe der besetzten Gebiete Israel am Rande eines Bürgerkriegs?

Die Rückgabe des Sinai zählt hier nicht als plausibles Gegenargument, da Ansprüche auf die ägyptische Halbinsel nie in ein ideologisches Programm eines israelischen Politikers eingegangen waren. Mit anderen Worten: Dieses Territorium wurde nicht als originärer Bestandteil eines *Groß-Israels* begriffen. Dagegen sieht ein großer Teil der israelischen Siedlerbewegung das Westjordanland als das „Land der Urväter".

Die Nationalreligiösen lassen sich in überspannten Momenten gar zu der Äußerung hinreißen, eher sollte Tel Aviv „zurückgegeben werden" als Hebron, die Stadt des Urvaters Abraham. Sie sind es auch, die in der Errichtung des Staates Israel und der damit einhergehenden praktizierten zionistischen Ideologie ein Indiz für die baldige Ankunft des Messias sehen. Nach der Besetzung der Gebiete im Jahre 1967, nachdem man sozusagen das „Land der Urväter", die Westbank, besetzt hatte, meinten sie, dass der Messias nun nicht nur unterwegs, sondern wohl schon „um die Ecke" sei. Diese Argumentation beruht auf der politischen Aufladung der Theologie, ging allerdings spätestens seit 1967 in die Ausgestaltung der realen israelischen Politik ein.

Die besetzten Gebiete wurden während der Regierungszeit der *Arbeitspartei* innerhalb von wenigen Jahren von einem politischen Faustpfand zu einem Moment religiös-ideologischer Begierde. Sie sollten nicht mehr als Mittel genutzt werden, um im Tausch Frieden zu erreichen, sondern sie wurden auf einmal zum „Land der Urväter". Nun trat zum ersten Mal die große Siedlerbewegung auf den Plan. Unter der *Arbeitspartei* wurden die ersten Siedlungen gebaut, damals noch unter der Vorgabe, sie entstünden im Sinne der Sicherheitspolitik Israels.

Schon dieser Topos zeigt ein zentrales Strukturproblem, das einer Friedenslösung auf israelischer Seite entgegensteht: Eine politische Lösung wird nicht für möglich gehalten, weil sie einem biblischen Mythos widerspreche. Der Mythos wird somit zu einem entscheidenden politisch-ideologischen Argument.

Hinzu kommt: Beim gesamten Oslo-Prozess, der auf der Ebene der hohen Politik lief, wurde die israelische Bevölkerung nie auf die Probe gestellt, ob sie tatsächlich bereit wäre, den Minimalpreis für einen endgültigen Frieden mit den Palästinensern zu zahlen. Man schreibt in Israel unzählige Friedenslieder. Es gibt auch eine Statistik, der zufolge 70% der Bevölkerung bereit sei, die Westbank zurückzugeben, aber diese angebliche „israelische Friedensbereitschaft" ist nie auf die historische Probe gestellt worden.

Es gibt in Israel auch noch die inzwischen vor allen Dingen von bestimmten Teilen der Siedlerbewegung vertretene Auffassung, dass ein so genannter „Bevölkerungstransfer", also letztlich die Vertreibung von Palästinensern aus der Westbank, eine endgültige Lösung herbeiführen könne. In Ihren Versionen kommt diese Möglichkeit gar nicht vor, warum?

Ich spare die Möglichkeit des „Bevölkerungstransfers" in meiner Analyse ganz bewusst aus. Ich glaube einfach nicht, dass so etwas passieren wird: ein vom Staat intendierter und militärisch und mit anderen Sicherheitskräften durchgeführter Transfer, die Vertreibung von Leuten, wie es sie beispielsweise im Krieg von 1948 gegeben hat. Eine solche Situation würde unweigerlich in einen regionalen Krieg münden – dies wurde von den umliegenden Staaten auch bereits angedroht –, da es die arabischen Länder früher oder später in Zugzwang brächte. Die Region ist eine der am stärksten bewaffneten Zonen der Welt, Israel ist eine der größten und stärksten Militärmächte, aber auch Syrien, Ägypten und andere Staaten haben ein sehr starkes Militär. Mit diesem Pulverfass kann bei einem regionalen Krieg der gesamte Nahe Osten innerhalb von wenigen Tagen in Schutt und Asche gelegt werden. Das ist der Grund, warum ich ein solches Szenario nicht für realistisch halte.

Anzufügen ist aber eine andere erschreckende Tatsache: In der letzten Zeit ist die Legitimation, über den „Bevölkerungstransfer" überhaupt nur zu reden, in der israelischen Gesellschaft so stark angestiegen, dass ich darin in der Tat einen Schritt in die mental-ideologische Faschistoisierung der israelischen Gesellschaft sehe. Man ist bereit, dieses bislang tabuisierte Thema in den Diskurs einzubeziehen – und das ist schon bedrohlich genug.

Schwierigkeiten eines palästinensischen Nationalstaates

Die Palästinenser haben mit der Al-Aksa-Intifada auf den gescheiterten Friedensprozess von Oslo reagiert. Die Eskalation der Gewalt hatte zur Folge, dass die Hardliner gestärkt worden sind. Welche Möglichkeiten sehen Sie auf der palästinensischen Seite für eine Friedenslösung – und welche Widerstände dagegen?

Die Verhandlungen steckten in einer Sackgasse. Die Intifada wäre daher meines Erachtens früher oder später auf jeden Fall gekommen – und zwar *von unten*. Die jetzige Intifada kommt nicht ausschließlich *von unten*, sondern ist durchaus auch *von oben* angezettelt und gesteuert, weil sie im machtpolitischen Interesse des palästinensischen politischen Führers liegt. Arafat braucht die Gewalt, um politisch zu überleben und, freilich auch, um die Politik der Verhandlungen weiter voranzutreiben.

Die Palästinenser befinden sich in einer Phase historischer Konsolidierung: Ihr nationales Bewusstsein und ihre nationale Bewegung verfestigen sich. Dabei stellt sich heraus, dass die säkulare Bewegung von vornherein auch religiöse Fundamentalismen in sich trägt – ähnlich wie die Anfangsphase des Zionismus stark religiös geprägt war. Die religiösen Bewegungen halten Arafat in Schach. Wenn er in der Tat eine Friedenslösung voranbringen will, muss auch er im Extremfall mit bürgerkriegsähnlichen Situationen rechnen.

Arafat hat sich mit einem zweiten Problem auseinanderzusetzen: Nach einem Friedensschluss mit Israel kann er zwar nominell einen souveränen Staat durchsetzen, dieser würde aber zumindest ökonomisch mehr oder weniger vor einem infrastrukturellen Nichts stehen. Es würde sich dann für die Palästinenser die Frage stellen: Wofür haben wir eigentlich gekämpft? Geht es wirklich nur darum, dass wir hier endlich eigene Briefmarken kleben und eine eigene Fahne schwenken dürfen oder wächst damit auch der Lebensstandard?

Zudem ist Arafat nicht mehr der Jüngste, auch nicht mehr der Gesündeste, aber er ist im Moment noch die zentrale Figur, die in der Welt als der anerkannte politische Führer der Palästinenser gesehen wird. Sollte er abtreten, indem er sein Amt aufgibt oder stirbt, dürfte im palästinensischen Lager ein riesiger politischer Machtkampf entbrennen. Dadurch könnte ein Friedensschluss zwischen Israel und den Palästinensern noch weiter in die Ferne rücken. Genau dies ist allerdings der Grund, warum viele Israelis darauf hoffen, dass Arafat abtritt oder sonstwie von der Szene verschwindet.

Welche Perspektive sehen Sie selbst für die Lösung des Konflikts?
Auch wenn viele Fakten derzeit in eine Sackgasse weisen, darf man sich dennoch nicht in ihr einrichten. Zumindest die Prinzipien eines möglichen Auswegs müssen immer wieder verdeutlicht und verteidigt werden. Zu diesen Schritten gehört meiner Meinung nach, dass die Palästinenser in einer ersten Phase zum Aufbau eines Nationalstaates befähigt werden. Nur so kann ihre historische Konstituierung als Kollektivsubjekt auf einer friedlicheren Ebene zu einem gewissen Abschluss kommen. Dieser Staat wird ohne Hilfe Europas und Amerikas, ohne massiven Kapitalimport, nicht zu machen sein. Für meine Begriffe wird er darüber hinaus auch noch lange Zeit von Israel abhängig bleiben: beim Arbeitsmarkt und anderen ökonomischen Faktoren oder bei der Wasserversorgung. In einer zweiten historischen Phase muss es zu einer konföderativen Struktur zwischen Israel und Palästina unter möglicher Einbeziehung von Jordanien kommen. Denn auch in Jordanien leben eine ganze Menge Palästinenser. Es würde im Prinzip bedeuten, eine Zone zu schaffen, die unter friedlichen Voraussetzungen versucht, Probleme dieser Region zu lösen, nicht nur politisch, sondern auch ökonomisch, kulturell und gesellschaftlich. Eine Sache sollte klar sein – und das gilt für die Israelis wie für die Palästinenser: Eine Trennung, wie sie heute von den zionistischen Linken, der *Meretz-* und *Arbeitspartei* nach dem Motto vorgeschlagen wird „Lasst sie ihren Staat haben, aber dann wollen wir damit nichts mehr zu tun haben“ – eine solche Trennung ist unter den heutigen gesellschaftlichen, demographischen und kulturellen Umständen nicht mehr denkbar.

Israel, eine militarisierte Gesellschaft

Israel ist ein stark militarisiertes Land. Das spiegelt sich ja unter anderem in einer hohen personellen Übereinstimmung des politischen Establishments mit dem Militär wider. Viele Politiker haben eine Karriere in der Armee durchlaufen. Wie drückt sich diese Situation in Israel aus?
Ich glaube, in der Frage ist schon die Antwort angelegt. Der Übergang vom militärischen zum zivilen Bereich ist sehr fließend. Sie können in Israel auch mit großer Selbstverständlichkeit viele Soldaten auf der Straße sehen.

Jeder Jugendliche ist wehrpflichtig und erfährt im Militär eine bestimmte Form der Sozialisation zum israelischen Bürger. Im Militär ist eine eigene, viele Bereiche umfassende Subkultur entstanden. Sogar die Entwicklung des Slangs ist zum großen Teil von der sprachlichen Subkultur der Soldaten geprägt.

Darüber hinaus produziert ein nicht zu unterschätzender Teil der israelischen Industrie Rüstungswaren. Die zivile Ökonomie ist mit dem Militär verkettet; die gegenseitigen Interessen werden tagtäglich ausgetragen und gewahrt.

Letzten Endes gründet sich diese starke Stellung des Militärs darauf, dass die Begriffe der Sicherheit und Wehrhaftigkeit von Anbeginn wesentliche Momente der klassischen zionistischen Ideologie ausmachten.

Nun führt die Allgegenwärtigkeit des Militärs ja nicht nur zur sichtbaren Präsenz von Soldaten, zur Durchdringung der Ökonomie, sondern bestimmt auch den Diskurs der Gesellschaft. Indem auf die Anschläge der palästinensischen Seite nur mit Gewalt reagiert wird, ist offensichtlich die militärische Option gewählt worden. Erklärt sich das allein aus der Ideologie des Zionismus und der Erfahrung des Holocaust?

Das Problem ist nicht so sehr darin zu sehen, dass das Militärische mit der Erfahrung des Holocaust und dem damit einhergehenden historischen Angstsyndrom begründet wird, sondern vielmehr, inwieweit es wiederum ideologisiert, fetischisiert, verdinglicht, mithin zum destruktiven Machtinstrument verkommt. Die zweitausendjährige Verfolgungsgeschichte verstärkt natürlich das Selbstverständnis, dass „wir" stark werden und bleiben müssen. Das Problem liegt ja nicht darin, dass der Zionismus nicht das Recht hätte, sich zu wehren, falls er angegriffen würde. Das Problem ist vielmehr darin zu sehen, dass die Ideologie der Sicherheit und Selbstverteidigung gewendet und umfunktionalisiert wurde, und zwar in ein Aggressionsideologem, welches das Militär zwangsläufig zu einem verlängerten Arm der Aggressionspolitik Israels werden lässt.

Ich habe schon ausgeführt, wie gespalten, wie fragmentiert die israelische Gesellschaft ist – und welche Konfliktachsen sie durchwirken. Die gesellschaftlich homogenisierende Identifikation kann deshalb bis heute nur über das Negative geschaffen werden. Das bedeutet *mutatis mutandis*, dass das Sicherheitsthema immer die Funktion erfüllte, die normalerweise das staatsbürgerliche Bewusstsein oder die Zivilgesellschaft hätte positiv liefern müssen.

Sie wissen ja, es ist das erste Gesetz der Sozialpsychologie: Will man eine Gruppe solidarisieren, will man sie zusammenbringen und festigen, muss man einen äußeren Feind schaffen. Solch ein Feind entstand jüngst bzw. wurde wiederbelebt durch die von den Palästinensern entfachte Intifada. In dem Moment, als die Intifada für Israel eine Bedrohung darstellte, als sie im Alltagsleben Opfer von Terroranschlägen forderte, rückte der allergrößte Teil der jüdischen Bevölkerung zusammen. Gerade in der derzeitigen Situation scheinen die inneren Widersprüche und Gegensätze *gelöst* zu sein, da es einen neuen-alten Feind von außen gibt.

Welche Gruppen haben denn in Israel ein Interesse an der Fortsetzung des Krieges?

Es gibt zunächst mal die militärische Elite, die bei Sicherheit fast immer in Kategorien militärischer Gewalt denkt. Selbst wenn es keinen Krieg gibt, argumentiert diese für die Aufrechterhaltung einer (in sich durchaus verständlichen) ständigen Bereitschaft des Militärs, was *mutatis mutandis* heißt, dass militaristisch gedacht wird.

Es ist aber auch das Militär selbst, das mit der Begründung der Wehrhaftigkeit argumentiert, um vergrößerte Budgetanteile zu erhalten. Als jemand, der lange genug selbst beim Militär war, sage ich, dass es dabei seine Forderungen immer völlig überspannt.

Über einen weiteren Punkt hatten wir ja schon gesprochen: Das Militär stellt in Israel eine ausgesprochene Berufssparte dar, mithin eine Option für eine Karriere, die sogar politische Perspektiven eröffnet.

Auch die Waffenindustrie hat ein sehr starkes Interesse, dass die Wehrhaftigkeit Israels weiter auf der Tagesordnung steht. Höhere Rüstungsausgaben bewirken eine Expansion dieses Industriezweiges, der immer mehr Techniker, Ingenieure und andere in diesem Bereich gefragte Berufe absorbiert.

Auf keinen Fall sollten wir in diesem Zusammenhang diejenigen vergessen, die aus ideologisch-politischen Gründen die besetzten Gebiete nicht zurückgeben wollen. Das können sie am besten garantieren, wenn kein Frieden eintritt, der Krieg oder zumindest ein Ausnahmezustand aufrechterhalten wird.

Wie werten Sie die Rolle der Hardliner auf der israelischen, wie auf der palästinensischen Seite?

Zwischen den israelischen und palästinensischen Fundamentalisten gibt es ein Komplementärverhältnis. In ihrem je eigenen Interesse instrumentalisiert jede Seite die Untaten der anderen und macht sie öffentlich-moralisch zum Politikum. Das würde ich in gewissem Maße sogar für die hohe Politik konstatieren. Nichts kann dem israelischen

Ministerpräsidenten Sharon mehr zupass kommen, als die Selbstmordanschläge der Palästinenser. Sie gaben ihm die Möglichkeit, das zu tun, was er seit Jahren will: die Autonomiebehörde zerschlagen, die Palästinenser niederkämpfen. Wäre es ihm nur von Seiten der USA gestattet worden, hätte er auch Arafat liquidiert und damit alle aktuellen Vorbereitungen für einen zukünftigen palästinensischen Staat zunächst mal außer Kraft gesetzt.

Auf der palästinensischen Seite stellt sich die Sache ähnlich dar, obwohl es ja kein palästinensisches Militär gibt. Die palästinensische Elite instrumentalisiert das ideologische Interesse für den Befreiungskampf. Sie plant nicht den infrastrukturellen, ökonomischen und zivilgesellschaftlichen Aufbau der Gesellschaft, sondern erhält über die militärischen Apparate den eigenen Machtstatus aufrecht. Das gilt ganz bestimmt für Arafat, aber auch für nicht wenige Leute in seinem Umfeld. Die haben die von außen eingeflossenen Gelder vor allem dazu benutzt, die militärische Infrastruktur aufzubauen, wie auch die Gewaltapparate für den innerpalästinensischen Gebrauch. Darüber hinaus gibt es auch bei den Palästinensern eine durch den nun schon lange andauernden militärischen Widerstand gestählte und geschärfte Militärelite, die ein Interesse an der Aufrechterhaltung des Status quo hat.

Das heißt, allein aus dieser Perspektive heraus gibt es einen komplementär verschwisterten Interessenverbund, der sich dahin ausgewirkt hat, dass die hohe Politik auf beiden Seiten bislang eher eine Politik des Machterhalts ist als eine Politik der Versöhnung und Konfliktbeilegung.

Internationale Interessen und Handlungsoptionen

Es ist auch diskutiert worden, ob eine internationale Friedenstruppe sozusagen handstreichartig für Ruhe in Nahost sorgen könnte. Inwieweit kann Ihres Erachtens internationaler Einfluss der USA oder der Europäischen Union zur Beendigung des Krieges und Konfliktes führen?

Die Vorstellung, dass man Israel mit Gewalt zum Rückzug aus den besetzten Gebieten zwingen könnte, muss man schlicht als kolonialistisch bezeichnen. Der entscheidendere Punkt ist doch: Israel ist eine der stärksten Militärmächte der Welt. Eine von außen oktroyierte, per Gewalt durchgesetzte Lösung würde – zumindest tendenziell – bedeuten, dass der Nahe Osten in Schutt und Asche gelegt wird.

Wir müssen uns aber zunächst fragen, ob denn die USA oder die Europäische Union überhaupt ein ernsthaftes Interesse daran haben, den Konflikt zu lösen. Die immer wieder zu hörende Rhetorik einer vermeintlich amerikanisch-israelischen Gesinnungsgemeinschaft beruht meines Erachtens auf einer Täuschung. Man muss sich von all den diesbezüglichen Slogans der USA verabschieden. Es geht den USA nicht um den Kampf für Menschenrechte, den Kampf für Demokratie und seit dem 11. September den so genannten *Krieg gegen den Terror*. Meines Erachtens geht es vielmehr um die Weichenstellung für die Machtkonstellation des 21. Jahrhunderts, in dem die USA auch weiterhin eine große wirtschaftliche Rolle spielen werden.

Unter diesem Gesichtspunkt betreiben die US-Amerikaner eine Politik der hegemonialen Einflussnahme. Neben der Präsenz der NATO im Balkan und neben den Aktivitäten der USA in Südamerika betrifft das vor allem zwei Gebiete: die Golfregion und Zentralasien.

Ich will hier nur auf die Golfregion eingehen. Bush senior hatte im Zuge des Krieges des Irak gegen den Iran zunächst Saddam Hussein mit aufgebaut und bewaffnet. Anfang der 90er Jahre, als sich herausstellte, dass Saddam Hussein den US-amerikanischen Interessen entgegen handelte, wurde dieser schlagartig zum neuen „Hitler" erklärt und Krieg gegen ihn geführt. Was der Senior angefangen hatte, könnte der Junior zu Ende führen wollen, denn auch ihm ist Saddam Hussein ein Dorn im Auge, zumal die potenziell massenvernichtende Bewaffnung im Nahen Osten für die USA gefährlich werden könnte. Das ist nach meinem Dafürhalten das Interesse, das die US-Amerikaner antreibt.

Sie werden sich daher nur dann in den Nahostkonflikt einmischen, wenn es ihren geopolitischen Interessen konkret entspricht. Es ist ihnen letztlich ziemlich egal, ob die Menschen im Nahen Osten ausbluten oder nicht. Schon während des Kalten Krieges mit der Sowjetunion wurde der Nahe Osten wiederholt zum Experimentierfeld für die Erprobung neuer Waffenmaschinerien gemacht. Wenn es aber imInteresse der USA liegt, könnte sie durchaus Israel unter starken ökonomischen und politischen Druck setzen.

Was meinen Sie mit starkem ökonomischen und politischen Druck?
Ich gehe beispielsweise von Folgendem aus: Bei einem totalen Boykott Israels, das Israel ins ökonomische Matt setzte, mithin ans existentiell Eingemachte ginge, würde Druck von der israelischen Bevölkerung kommen.

Aber in anderen Ländern, wie in der Bundesrepublik Jugoslawien mit Serbien und Montenegro, hat das über Jahre eher dazu geführt, dass sich die Bevölkerung zusammengeschlossen hat und das Regime gestärkt. Sähe das in Israel wirklich anders aus?

Man kann gerade in einer globalisierten Gesellschaft, gerade in einer Gesellschaft, die so stark vom Export abhängig ist wie Israel, durch einen Boykott Druck erzeugen. Israel könnte aber auch schon politisch dadurch unter Druck gesetzt werden, wenn die Vereinten Nationen und der Sicherheitsrat Israel die Unterstützung entziehen würde, mitunter wenn gegen Israel gerichtete Beschlüsse mit zusätzlicher Zustimmung der USA und der Europäer gefasst werden würden. Spätestens dann, meine ich, geriete Israel in Zugzwang, wenn es keinen politischen Selbstmord begehen wollte.

Unter den israelischen Linken in Israel ist die Frage eines Gesamtboykotts strittig. Die Geister scheiden sich, ob eine solche Initiative aus Israel oder von außen kommen muss. Aber man ist sich sehr wohl im Klaren, dass es objektive Möglichkeiten gibt. Es stimmt wohl, dass sich die Israelis ideologisch verschanzen, viele auch den beliebten Spruch „Die ganze Welt ist gegen uns“ leichtfertig benutzen. Aber wenn es wirklich ernst wird, es eine wirklich bedrohliche wirtschaftliche Rezession gäbe, die die Lebensgrundlagen zerstörte: Dann würden, meine ich, viele zur Vernunft kommen.

Nun würde in Deutschland, zu Recht, mit einem Boykottaufruf gegen Israel sofort die Kampagne der Nationalsozialisten assoziiert werden, die dazu aufriefen, nicht bei Juden zu kaufen. Halten Sie es unter diesem Gesichtspunkt wirklich für richtig, einen Boykott zu fordern?

Deutschland kann in dieser Frage nicht federführend sein. Aber wenn Israel zum Beispiel wirklich einen „Bevölkerungstransfer“ durchführt und die Welt an dieser Stelle sagt: Jetzt ist wirklich Schluss, jetzt ist der Zeitpunkt gekommen, wo wir eingreifen müssen – an einem solchen Punkt würde es ja reichen, wenn sich Deutschland bei Beschlüssen zu Boykottmaßnahmen einfach enthält. Wir dürfen auch nicht vergessen: Es handelte sich in einem solchen Fall um den Versuch, Israel aus einer für die gesamte Region höchst bedrohlichen Sackgasse herauszureißen. Wir reden ja von einer radikal zugespitzten Situation.

Ist Kritik an Israel antisemitisch?

In Deutschland wird eine intensive Debatte darüber geführt, ob eine Kritik an der israelischen Politik per se auch antisemitisch ist oder doch zumindest den latent vorhandenen Antisemitismus schürt. Wie stehen Sie dazu?

Wo es Antisemitismus gibt, das Paradigma des rassischen Vorurteils, das im Nationalsozialismus in der *Shoah* kulminierte, muss er ganz unabhängig vom Nahostkonflikt permanent und unnachgiebig bekämpft werden.

Aber sehen Sie, linkes Denken ist für mich ohne eine emanzipative Ausrichtung nicht denkbar. Die Kategorie der Emanzipation muss danach überall in der Welt, in jeder Gesellschaft, zu jedem Zeitpunkt der Menschheitsgeschichte anwendbar sein. Im Verhältnis zu Palästina z.B. präsentiert sich Israel als ein Land brutaler Repressionen und Unterdrückung, zumindest in den letzten 33 Jahren. Und wenn dem so ist, muss man in Begriffen der universellen Kategorie der Emanzipation sagen: Jede Linke auf der Welt – auch eine deutsche – hat das gute Recht, Israel unter diesem Gesichtspunkt zu kritisieren. Ich werde mir als Linker die Kritik an diesem Zustand von niemandem verbieten lassen, und es bleibt sich für mich gleich, ob ich nun die Sache in Berlin, in Jerusalem oder in New York vortrage.

Ich glaube, das Dilemma liegt nicht in der Frage, ob die deutsche Linke das Recht hat, Israel zu kritisieren. Entscheidender ist, in welcher Absicht kritisiert wird; ob sich in die Kritik Elemente einschleichen, die sich als zutiefst anti-emanzipativ erweisen und mit denen die Kritik lediglich instrumentalisiert wird.

Die Friedenskräfte müssen stärker werden

Nach einer längeren Pause scheint nun die Friedensbewegung in Israel wieder an Kraft zu gewinnen. Kann dies ähnlich wie beim Libanonkrieg zu einer Bewegung führen, die politische Veränderungen bewirkt?

Es stimmt, dass wieder mehr Leute auf die Straße gehen als etwa Anfang 2001, aber es sind immer noch viel weniger als zu Zeiten des Libanonkrieges. Das zentrale Problem der israelischen Friedensbewegung liegt darin, dass sie mit der Wahl Rabins zum Premierminister meinte, sich zur Ruhe setzen zu können. Für die *Peace-Now-Bewegung* waren gleichsam ihre parlamentarischen Vertreter an die

Macht gelangt. Zudem hat die zionistische Linke nach dem Beginn der *Al-Aksa-Intifada* einen merklichen Rechtsruck erfahren: Viele haben ihre Anschauungen *revidiert*, haben nach eigenem Bekunden *neue Einsichten* gewonnen, sind gleichsam *realistischer* geworden – und sind dabei glücklich im Herzen des israelischen Nationalkonsenses angelangt.

So gibt es in Israel mehrere Friedensströmungen: eine linksradikale, zum Teil auch nicht-zionistische Friedensströmung und die große Friedensbewegung *Peace Now*. Bei einer Demonstration im Frühjahr 2002, zu der etwa 30 Gruppen der radikalen Linken aufgerufen hatten, kamen etwa 5.000 Leute. *Peace Now* hatte aber erklärt, dass sie nicht daran teilnehmen möchte, und zwar aus drei Gründen: Erstens, weil *Peace Now* gegen die Verweigerung des Reservedienstes ist; zweitens, weil *Peace Now* nicht akzeptierte, dass die ehemalige Führerin der linksliberalen zionistischen *Meretz-Partei*, Schulamith Aloni, auf der Kundgebung redet, und drittens, weil *Peace Now* nicht damit einverstanden war, dass Schimon Peres, der ja in der großen Regierungskoalition Außenminister ist, auf der Demonstration attackiert wird. Die größte Friedensbewegung hat sich also aus diesen drei Gründen separiert und dann eine Woche später zu einer eigenen Demonstration aufgerufen, bei der etwa 12.000 Leute auf die Straße gingen.

Das Problem ist aber nicht nur die Zerrissenheit der israelischen Friedenskräfte, sondern vor allem die bislang geringe Mobilisierungsfähigkeit. Es gab Zeiten, wo *Peace Now* über eine Telefonkette mehr als 100.000 Leute auf die Straße bringen konnte. Die politischen Strukturen werden sich erst dann ändern, wenn massiv auf der Straße demonstriert wird, wenn klar wird, dass es eine Massenbewegung von unten gibt.

In Israel gibt es so viele Kriegsdienstverweigerer wie noch nie. Über 400 Reservisten haben erklärt, dass sie den Dienst in den besetzten Gebieten verweigern. Darüber hinaus hat auch die Zahl derjenigen zugenommen, die jeden Militärdienst ablehnen. Welche politische Bedeutung sehen Sie in dieser Entwicklung?

Die Wehrdienstverweigerung ist heute vielleicht das schicksalsträchtigste Symbol dafür, dass man ein Tabu brechen will, dass andere Wege eingeschlagen werden müssen als die der Gewalt.

Mit der bisher größten Zahl von Verweigerern des Reservedienstes ist zwar dieses Tabu gebrochen worden, aber es ist nach wie vor keine *kritische Masse* entstanden, um die politischen und mentalen

Strukturen wesenhaft zu erschüttern. Der vor einigen Jahren verstorbene israelische, orthodoxe Philosoph Jeshajahu Leibowitz benannte es zutreffend: „Letztendlich brauchen wir eine Verweigerungsbewegung, die einige tausend Leute umfasst, damit sie zu einem ernst zu nehmenden Politikum, zu einer Bewegung wird, die dann nicht nur politisch, sondern auch gesellschaftlich trägt."

Das Militär wurde, wie vorher bereits angerissen, zum eigentlichen Altar der israelischen Gesellschaft erhoben, instrumentalisiert, ideologisiert und fetischisiert. Bei einer Veranstaltung zur Wehrdienstverweigerung habe ich kürzlich selbst erlebt, dass besagte Sozialisation auch zu einer Ambivalenz der potenziellen Verweigerer selbst führt, die sie nicht selten vor dem Schritt wirklicher Verweigerung zurückhält.

Tatsache ist: Die Zahl der Reservedienstverweigerer, der *Refuseniks*, steigt. Es sind aber noch so wenige, dass das Militär alle vor Gericht stellen und aburteilen kann. Das Militär hat bezeichnenderweise auch den Umgang mit den *Refuseniks* geändert. Während der ersten Intifada versuchte es noch, sich hinter den Kulissen mit ihnen zu einigen und sie nicht in den besetzten Gebieten einzusetzen. Inzwischen gibt es keine Kompromisse mehr, Verweigerer werden vor Gericht gestellt.

Dabei ist völlig klar, dass mit dem Begriff der *kritischen Masse* nicht gemeint ist, dass das israelische Militär wehrlos werden soll. Es wird auch beim Ausfall von einigen Tausend genügend Reservekräfte für die Rekrutierung geben. Es geht vielmehr darum, dass die politische Relevanz der Verweigerer so stark wird, dass sie im gesellschaftlichen Diskurs verhandelt werden muss, nicht mehr zu übersehen und zu ignorieren ist. Es ist also eher die Art und Weise, wie die Verweigerung zum Politikum werden kann; es geht nicht um die reale Auswirkung der Verweigerungen auf das Militär.

Derzeit beobachten wir, dass die israelische Friedensbewegung – Refuseniks und auch Kritiker – es schwer hat, sich in Israel wirklich Gehör zu verschaffen. Der Diskurs in den Medien dreht sich fast ausschließlich um das Militärische und die Frage der Macht. Insofern muss es gar nicht erstaunen, dass die meisten Israelis das ähnlich sehen, oder?

Ich sehe das wie Sie. Ich denke, dass dies mit dem 11. September und dem darauf folgenden Diskurs im Westen zusammenhängt. Es ist ein Paradigma entstanden, dass „die ganze Welt" jetzt gegen Terror kämpfe. Dessen Ursache wird unterschiedlich apostrophiert bzw. benannt: als islamistisch, als Problem der orientalischen Kultur, als ein Aufstand der Dritten Welt gegen die Erste oder als ein Kampf gegen die Globalisierung. Presse und Massenmedien sind durch diese Vorgaben in der Tat weitgehend gleichgeschaltet, so dass eine legitime Überschreitung des vorgegebenen Diskurses nicht möglich zu sein scheint. Das alles geschieht aber auf freiwilliger Ebene, es handelt sich nicht um eine Angelegenheit, die von staatlicher Seite aus durchgesetzt wird, auch in Israel nicht.

In Israel gibt es genügend Anzeichen, dass es nunmehr für verdiente israelkritische Reporter und Publizisten enger wird, so für Amira Hass und Gideon Levy. Ich will Ihnen ein Ereignis schildern, das dies zum einen deutlich macht, zum anderen aber auch zeigt, wie man sich dagegen wehren kann.

Vor einiger Zeit hatten sich einige Professoren der *Hebrew-Universität* in Jerusalem öffentlich mit den *Refuseniks* solidarisiert. Darauf ließ die Erziehungsministerin prüfen, ob es nicht möglich sei, gegen diese Professoren wegen *Volksverhetzung* vorzugehen. Nun solidarisierten sich mit den fünf Personen weitere 250 Dozenten und Professoren aus verschiedenen Universitäten Israels und machten den Widerstand damit deutlich breiter. Die Erziehungsministerin ließ sich jedoch nicht so einfach davon abbringen, ihr Ziel zu verfolgen. Sie wurde letztlich nur durch ein juristisches Gutachten gebremst, in dem festgestellt wurde, dass die betreffenden Personen gerichtlich nicht belangt werden könnten. Es muss ein kluger Gutachter gewesen sein. Das bedaure ich, denn es wäre doch eine tolle Sache gewesen und hätte eine Bewegung einläuten können, wenn 250 Professoren und Dozenten für drei bis vier Wochen wegen *Volksverhetzung* ins Gefängnis hätten gehen müssen.

Ich will noch auf einen anderen entscheidenden Punkt für den israelischen Diskurs, am Beispiel der prominenten israelischen Sängerin Yaff Yarkoni hinweisen. Diese Frau und ihr Mythos sind in Deutschland mit Hildegard Knef und ihrem Renommee vergleichbar, auch wenn Yaff Yarkoni während ihrer jahrzehntelangen Karriere nicht so kritisch eingestellt war. Sie war die so genannte „Sängerin der Kriege", trat schon 1948 auf, und sollte jetzt, als eine Frau mit 70, durch ein großes Festival geehrt werden. Nun konnte sie nicht mit ansehen, was die israelische Armee in der Westbank anrichtete. Als die israelischen Soldaten Nummern auf die Arme von palästinensischen Gefangenen schrieben, sagte sie: „Aber das ist doch genau das, was die Nazis den Juden angetan haben." Das Festival wurde abgesagt, diese Frau ist jetzt in Israel ausgeschaltet, sie wird beschimpft und ihr Leben ist bedroht worden.

Man kann und sollte solche Vergleiche nicht treffen. Man braucht sie auch nicht zu treffen, um diese Taten als Barbarei zu kennzeichnen. Entscheidend ist jedoch ein anderer Punkt: Sobald jemand einen solchen Vergleich zieht, wird diese Person zur Persona non grata. Keiner spricht mehr darüber, was die israelische Armee in Ramallah und in anderen Städten in der Westbank angerichtet hat, sondern nur darüber, ob der Vergleich zutreffend sei oder nicht. Der Diskurs wird auf eine Ebene verschoben, auf der man sich mit den eigentlichen barbarischen Erscheinungen nicht mehr beschäftigen muss.

Das Gespräch führten Rudi Friedrich und Karin Fleischmann.

Uri Avnery

Schlussfolgerungen eines Terroristen

Kurz nach meinem 15. Geburtstag trat ich einer nationalen Untergrundorganisation bei. Ende der dreißiger Jahre war sie die extremistischste unter den jüdischen Untergrundorganisationen in Palästina. Von den Kämpfern der *Irgun Zwai Leumi* (Nationale Militärorganisation) wurden Offiziere des britischen Kolonialregimes getötet, Bomben in arabische Märkte gelegt sowie Männer, Frauen und Kinder umgebracht – als Vergeltung für die Tötung von Juden durch Araber. Das Ziel war, die Briten aus dem Land zu treiben und die Araber zu unterwerfen, damit wir einen jüdischen Staat errichten konnten. Wir glaubten glühend daran, dass wir Freiheitskämpfer seien. Die Briten nannten uns Terroristen.

Später prägte ich einen Satz, der inzwischen recht populär geworden ist: „Die Freiheitskämpfer sind auf meiner Seite, Terroristen stehen auf der anderen." Heute lautet so die inoffizielle Maxime der US-Politik. Das mag zynisch klingen, drückt aber nur ein grundsätzliches Problem aus: Es ist fast unmöglich, Terrorismus allgemein gültig zu definieren. Was ist Terrorismus?

Geht man von der Bedeutung des Wortes aus, so bezeichnet es die Anwendung von Gewalt, um Angst zu erzeugen und damit politische Ziele zu erreichen. Diese Definition ist jedoch viel zu allgemein, sie scheint jede Art von Kriegführung einzuschließen. Sogar vor der Geburt des modernen totalen Krieges, als er von kleinen Söldnertruppen geführt wurde, beabsichtigte man, durch Plünderung von Städten Terror zu verbreiten und deren Bewohner zur kampflosen Aufgabe zu bewegen. Dies war bereits die Politik im alten Rom, ganz zu schweigen von biblischen Regeln der Kriegführung.

Wird das Mittel der Einschüchterung allein dadurch zu Terrorismus, dass es gegen die Zivilbevölkerung angewandt wird? Im modernen Krieg sind solche Methoden eher die Regel als die Ausnahme. Bei Ausbruch des Zweiten Weltkrieges war es sowohl die Doktrin der amerikanischen wie der britischen Luftwaffe, die Zivilbevölkerung in die Unterwerfung hineinzubomben. Die Deutschen verwendeten die gleichen Praktiken. Namen wie Guernica, Warschau, Rotterdam, London und Dresden fallen einem ein – und wer kann Hiroshima und Nagasaki vergessen?

All diese Gräueltaten wurden durch uniformierte Armeen verübt und werden daher nicht als Terrorismus betrachtet. Sind Gräueltaten also nur dann Terrorismus, wenn sie von Leuten ohne Uniform begangen werden? Diese Definition ist offenbar unlauter. Gibt es wirklich einen großen Unterschied zwischen einem Piloten, der eine Bombe von oben auf ein Wohngebiet wirft, und einem *Terroristen*, der in dem selben Wohngebiet eine Bombe legt?

Es gab im internationalen Recht einmal eine klare Unterscheidung zwischen uniformierten Soldaten im Staatsdienst und Freischärlern, die ohne Uniform kämpften. Die letzteren konnten auf der Stelle exekutiert werden. Inzwischen genießen Partisanen und Freischärler – unter bestimmten Bedingungen – den Schutz internationaler Konventionen.

Was bleibt dann noch übrig? Koloniale Regime versuchen im Allgemeinen, Rebellen bzw. Aufständische zu verurteilen, deren Aktionen sich gegen unschuldige Zivilisten, speziell gegen Frauen und Kinder richten; zugleich rechtfertigen sie die eigenen Aktionen, die das gleiche Resultat zeitigen. Sie werden nur anders benannt, als *Kollateralschäden* gerechtfertigter militärischer Operationen. Doch das ist eine schwache Entschuldigung.

Nehmen wir als Beispiel den algerischen Befreiungskrieg, der von 1954-62 andauerte. Junge algerische Frauen wurden in französische Cafés in Algier geschickt, um Bomben zu legen, die Dutzende von unschuldigen Zivilisten töteten. Die Franzosen verurteilten dies als Terrorismus der schlimmsten Sorte. Zur gleichen Zeit verübten französische Truppen auf dem Land unaussprechliche Gräueltaten und folterten grausam ihre Gefangenen, unter ihnen unschuldige Zivilisten beiderlei Geschlechts. Gab es moralisch einen Unterschied zwischen beiden Seiten, und wenn ja, wer waren die Guten?

Menschen wie der französische Philosoph Jean-Paul Sartre, die den algerischen Befreiungskampf unterstützten, fanden es schwierig, seine Methoden zu verurteilen. Die damalige französische Regierung verurteilte die Kämpfer als barbarisch und unmenschlich. Dies schreckte den französischen Präsidenten Charles de Gaulle jedoch nicht davon ab, mit den *Terroristen* Frieden zu schließen, als er dies im Interesse Frankreichs für opportun erachtete. Er nannte ihn sogar einen *Frieden der Tapferen* – unter den Tapferen befanden sich die abscheulichen Terroristen von einst.

Solche Sinnesänderungen gab es in der gesamten zweiten Hälfte des 20. Jahrhunderts. Den einen Tag wurden Terroristen gesucht und aufgespürt – am nächsten Tag wurden sie zu respektierten Staatsoberhäuptern gemacht. Nelson Mandela verbrachte 28 Jahre als Terrorist in einem Gefängnis und lehnte es ab, eine Verurteilung des Terrorismus als Bedingung für seine Entlassung zu unterzeichnen.

Der Führer der *Irgun Zwai Leumi*, Menachem Begin, war für ein Sprengstoff-Attentat auf das *Hotel King David* im Jahre 1946 in Jerusalem verantwortlich, das ein schreckliches Blutbad zur Folge hatte. Später wurde er respektierter Staatspräsident Israels, wurde von der englischen Queen empfangen und schloss Frieden mit dem ägyptischen Präsidenten Sadat, der ein Jahr lang als Nazi-Sympathisant im Gefängnis verbracht hatte.

Begins handverlesener Nachfolger war sein ehemaliger Widersacher, Yitzhak Schamir, Führer einer Gruppe, die sich von der *Irgun Zwai Leumi* abgespalten hatte und sich selbst als *Lohamei Herut Israel* (Kämpfer für die Freiheit Israels) bezeichnete, aber als *Stern-Bande* berüchtigt wurde. Eine ihrer *Heldentaten* war 1944 in Kairo das Attentat auf den Minister des britischen Kabinetts, Lord Moyne. Ministerpräsident Schamir wurde 1991 zum Star der Madrider Friedenskonferenz.

Alles scheint relativ zu sein. US-Präsident George W. Bush geht bei seinem *Krieg gegen den Terrorismus* in höchstem Maße selektiv vor – ganz im Geiste des anti-semitischen Bürgermeisters von Wien vor einhundert Jahren. Der hatte erklärt: „Wer ein Jude ist, bestimme ich." Heute bestimmt Bush, was entsprechend den Interessen der USA eine terroristische Organisation ist.

Wer ist Terrorist und wer ist es nicht? Freiheitskämpfer in Kaschmir? Armenische Rächer? Militante für ein freies Kurdistan? Und wenn ja, welche Kurden? Sind es, entsprechend den US-amerikanischen Maßstäben, die bösen Kurden in der Türkei, die guten Kurden im Irak oder die Kurden im Iran, bei denen sich die USA noch nicht festgelegt haben?

Das ist alles ziemlich undurchsichtig. Die einzig vernünftige Schlussfolgerung ist: Es gibt keine klare Definition. Es kann auch keine geben, die den Anforderungen von Immanuel Kants kategorischem Imperativ[1] entspricht. Es bleibt die willkürliche, umgangssprachliche Definition: Terrorismus ist eine Methode, die Untergrundkämpfer gegen Zivilisten anwenden, um politische Ziele zu erreichen. Ein solcher Terrorismus ist immer die Waffe der Schwachen. Wie ein palästinensischer Freund von mir treffend bemerkte: „Gebt uns Panzer und Angriffs-Hubschrauber – und wir werden die Selbstmord-Attentate aufgeben."

Selbstmord-Attentate werden benutzt, um ein maximales Ergebnis bei minimalem Aufwand zu erzielen. Bomben können billig produziert werden, ihre Bestandteile sind einfach erhältlich, die Verhältnisse in den palästinensischen Gebieten unter der Besatzung sind so verzweifelt, dass Kandidaten Schlange stehen. Auf seine eigene Art und Weise ist es eine sehr raffinierte Waffe, weil sie, von menschlicher Intelligenz angetrieben, ihr Ziel von allein findet.

Die Folgen sind selbstverständlich verwerflich. Ziel des Selbstmord-Attentäters ist, so viele Israelis wie möglich zu töten, ohne zwischen Männern und Frauen, Alten und Kleinkindern, Zivilisten und Soldaten zu unterscheiden. Dennoch unterstützt eine große Mehrheit vernünftiger Palästinenser heute diese Methode. Sie glauben, dass sie das einzig effektive Mittel gegen die unermessliche Überlegenheit einer israelischen Besatzungsmacht darstellt, die mit den modernsten Waffen ausgestattet ist. Es gibt auch Palästinenserinnen und Palästinenser, die die Selbstmord-Attentate in Israel aufrichtig verurteilen, sei es aus moralischen oder pragmatischen Gründen. Aber auch sie unterstützen oftmals ihren Gebrauch gegen Besatzungssoldaten und Siedler in den besetzten Gebieten.

Der Status der Siedler ist in besonderer Weise ungeklärt - technisch gesehen handelt es sich um Zivilisten, sie sind aber Militante, die gegen die palästinensische Unabhängigkeit kämpfen. Sie leben auf dem Land, das Palästinensern enteignet wurde. Nach internationalem Recht sind ihre Siedlungen offensichtlich illegal, gemäß jüngster internationaler Konventionen stellen sie sogar Kriegsverbrechen dar. Ist da ein Angriff gegen sie Terrorismus?

Selbstverständlich ist der Sinn einer Diskussion über Terrorismus, Wege zu finden, wie er vermieden werden kann. Wenn ich aus meinen eigenen Erfahrungen als Terrorist schöpfe und die internationalen Erfahrungen der letzten Jahrzehnte hinzuziehe, wie auch die aus dem israelisch-palästinensischen Konflikt, komme ich zu folgenden Ergebnissen:

1. Terrorismus kann, wie immer man ihn definiert, nicht militärisch bezwungen werden. Da er durch politische Bestrebungen motiviert ist, kann er nur politisch überwunden werden.
2. Terroristen operieren nicht im luftleeren Raum. Sie sind von der moralischen und praktischen Unterstützung eines Großteils ihrer Gemeinschaft abhängig. Hauptziel jeder Kampagne gegen Terrorismus muss sein, dieser Unterstützung ein Ende zu bereiten.
3. Militär- und Kolonial-Regime tendieren generell zu der Überzeugung, dass eine Unterstützung durch Gegenterror beendet werden kann, indem die Gemeinschaften der Terroristen durch Mord, Vernichtung und Hunger terrorisiert werden. Dies ist eine gefährliche Täuschung. Terrorismus-Bekämpfung erzeugt mehr Hass, Hass erzeugt Terrorismus – ein Teufelskreis.

4. Der einzig bewährte Weg für ein Ende des Terrorismus ist eine akzeptable Lösung für einen Konflikt, aus dem sich der Terrorismus nährt. So wird sich ihre eigene Gemeinschaft von seinen Methoden abwenden.
5. Eine solche Lösung beendet nicht automatisch über Nacht alle terroristischen Organisationen und Aktionen. Aber ohne öffentliche Unterstützung werden sie langsam absterben.

1 Immanuel Kant entwarf in seinem Werk *Kritik der praktischen Vernunft* (1788) ein oberstes und allgemeines Sittengesetz, das die Pflichterfüllung in den Mittelpunkt der sittlichen Wertordnung stellt (*kategorischer Imperativ*) und verbietet, den Menschen nur als Mittel zu benutzen. Eine Formulierung des *kategorischen Imperativs* lautet: „Handle so, dass die Maxime deines Willens jederzeit zugleich als Prinzip einer allgemeinen Gesetzgebung gelten könne." (nach: *Der Brockhaus in Text und Bild Edition 2000/2001*)

Übersetzung aus dem Englischen: Thomas Stiefel

Subhi al-Zobaidi

Optionen des Widerstandes

Reportagen aus Palästina

September 2001: Traurig und wütend

Wir wollten den Mitternachtsflug von Tel Aviv nach San Francisco nehmen, meine Frau, unsere Tochter und ich. In der *Bay Area* sollte ich meinen neuen Film vorführen – beim *Festival des Arabischen Films*. Glücklicherweise hörten wir die Nachrichten noch, bevor wir uns zum Flughafen aufmachten. Der Flug wurde annulliert. Unsere Reise auch. Stattdessen fand ich mich am Bildschirm klebend, auf die Bilder starrend, die zeigten, wie die Zwillingstürme des *World Trade Center* getroffen und zerstört wurden. Draußen sah ich einen Haufen Leute, die hysterisch schrieen: „Sie haben Amerika getroffen ... Selbstmordattentate ... Flugzeuge ... das Pentagon brennt!"; einer rief: „Die PFLP[1] übernimmt die Verantwortung!", ein anderer gab zurück: „Nein, der Djihad!"

Ein niederländischer Journalist sprach draußen einen jungen Mann an und fragte ihn, ob es denn wahr sei, dass Viele in Palästina vor Freude über die Angriffe in den USA tanzten. Ich hörte den jungen Mann antworten: „Amerika machte sich selbst zum Feind dieser Menschen. Schau, wir werden nun schon seit elf Monaten von F16-Flugzeugen, M16-Gewehren, Helikoptern und anderen amerikanischen Waffen angegriffen. Und nicht nur das! Amerika legt sein Veto ein gegen jede Resolution, die uns in Palästina Frieden bringen will. Sie töten uns und nennen uns Terroristen. Natürlich freuen sich hier viele Menschen. Aber nicht über den Tod Unschuldiger, sondern weil ihr Feind getroffen wurde. Das ist nur menschlich. Nicht sie machten Amerika zu ihrem Feind, Amerika machte sie zum Feind."

Ich hörte den jungen Mann sprechen – und ich dachte zurück an New York. Denn früher lebte und arbeitete ich im *Village*, ich ging dort zur Schule. Das *Village* war Manhattan für mich, ich kümmerte mich nicht um *lower* oder *upper* Manhattan. Doch ich kann es mir noch immer nicht ohne die Zwillingstürme vorstellen. Sie prägten die Gegend und das Bild der ganzen Stadt. Es ist, als ob ein Arm amputiert wurde. Ich denke an die New Yorker, an die verschiedenen Gemeinschaften und Viertel, an die Menschen aller Hautfarben und unterschiedlicher Herkunft; und ich bin traurig und wütend über die

Verwüstungen. Ich nehme es gewissermaßen persönlich, denn ich wollte meiner Frau doch das *Windows-of-the-World-Restaurant* mit seiner Bar im hundertsiebten Stock des einen Turms zeigen. Was, wenn es gerade dann geschehen wäre?

Ich vermisse New York sehr, doch ich bin froh, dass ich jetzt nicht dort bin. Denn ich weiß, wie schwierig es heute für einen Araber in den USA ist. Ich erlebte Ähnliches schon während des Golfkriegs, als keine amerikanischen Interessen betroffen waren; als die USA einen arabischen Staat gegen einen anderen arabischen Staat „unterstützten": schon damals fühlte sich jede Araberin und jeder Araber permanent auseinander genommen – durch die Medien und durch die Ignoranz und Unsensibilität der Öffentlichkeit. Araber wurden zu Gesindel erklärt, das Menschsein wurde ihnen abgesprochen, nach Art der Boulevardpresse. Wie wird das heute wohl sein, wo so viele Menschen ums Leben kamen und die Symbole amerikanischer Macht getroffen wurden – vermutlich durch einen arabischen und muslimischen Feind? Es gibt bereits Berichte von An- und Übergriffen gegen arabische und muslimische Menschen.

Dezember 2001: Die erzeugte Leere

Während die USA sich auf ihren Krieg gegen Afghanistan vorbereiteten, wandte sich die Aufmerksamkeit auch in starkem Maße Palästina zu. Hier in Palästina hoffte man darauf, dass es im Zentrum des ganzen Schlamassels zu einem Durchbruch kommen könnte, besonders weil der US-amerikanische Präsident die Worte „Palästinensischer Staat" aussprach. Nachdem die zweite Intifada nun schon länger als ein Jahr anhält und nach all den Schäden, Opfern und Verlusten, lasen wir euphorisch von den vielfältigen Anstrengungen, ein Ende der israelischen Besatzung herbeiführen zu wollen.

Doch dem israelischen Ministerpräsidenten Ariel Sharon gelang es, sämtliche Bemühungen, Pläne und Missionen zu blockieren. Die Regierungen der USA und der Europäischen Union konnten nicht genügend Druck auf ihn ausüben, den „Bulldozer" – so nennen ihn die Israelis in Anspielung auf seine Männlichkeit und sein Vermögen, Schaden anzurichten. Nur auf Jasir Arafat wirkte der Druck; er war biegsam genug. Arafat führt nun die US-amerikanisch-israelische Agenda aus, um zu beweisen, dass er vertrauenswürdig und der legitime Anführer aller Palästinenserinnen und Palästinenser ist. Wird Arafat überleben? Er wird. Aber zu welchem Preis und mit welchen Resultaten?

In diesen Tagen stellen sich die Menschen in Palästina sehr schwierige Fragen. Manche tun dies zum ersten Mal: „Sind Selbstmordanschläge ein richtiges Mittel in unserem Kampf? Welche Alternativen gibt es dazu?" Diese Fragen deuten an: Es gibt keine Antworten dazu, vielmehr ein Vakuum, eine Leere an der Stelle, wo es darum gegangen wäre, eine politische Art von Widerstand zu entwickeln. Unsere Führung stoppte stattdessen die Revolution, sie hörte auf, über „Besatzung" zu sprechen und glaubt, es gäbe einen Staat.

Die *Palästinensische Autonomiebehörde* (PNA) verdrängte seit ihrer Gründung 1993 praktisch jeglichen politischen Ausdruck, den sich der palästinensische Kampf in den letzten fünf Jahrzehnten geschaffen hatte. Ein Beispiel ist die geschwundene Bedeutung der *Palästinensischen Befreiungsorganisation* (PLO), des früher einmal dynamischen politischen Rahmens, der praktisch alle säkularen politischen Fraktionen vereinte. Ein anderes Beispiel für den politischen Verfall ist das Verschwinden des *Palästinensischen Nationalrates* (PNC). Er war die repräsentativste und demokratischste aller palästinensischen politischen Institutionen. Er vertrat sowohl die in Palästina unter der Besatzung Lebenden, als auch jene in der Diaspora. Im Nationalrat waren palästinensische Gemeinschaften aus Lateinamerika wie aus dem elendesten Flüchtlingslager in Jordanien vertreten. Der PNC war unser Parlament im Exil.

Das heutige Vakuum in unserem politischen Leben ist Ergebnis des Mangels an politischen Organen, Netzwerken und Errungenschaften. Wir alle wissen, dass diese Kräfte dazu gebracht wurden, zu verschwinden – durch die autokratischen Autonomiebehörden, die alle Macht kontrollieren wollen. Deshalb haben wir keine Opposition außer den islamistischen Bewegungen *Hamas* und *Islamischer Djihad*; deshalb ist der Fundamentalismus der islamistischen Extremisten die einzig existierende Alternative zur Mittelmäßigkeit der *Palästinensischen Autonomiebehörde*. Wie viele andere habe auch ich genug von dieser fatalistischen Art des Widerstands, den *Hamas* und *Islamischer Djihad* anführen. Ein breites Spektrum von politischem Widerstand wurde durch ihre Vorgehensweise ausgehebelt. Wir wissen, dass uns dies nirgendwo hinbringt. Viele Menschen, Intellektuelle und andere, haben genug und sagen das, privat und öffentlich. Sie sind frustriert darüber, dass wir keine demokratische politische Institution besitzen, die unseren Kampf anführt.

März 2002: Euer Frieden ist unser Frieden

Nachdem die israelische Armee Ramallah wieder verlassen hatte – nach dreitägiger erneuter Besetzung – nahm ich meine Kamera und filmte die Folgen des Angriffs. Zuerst ging ich ins Flüchtlingslager al-Amari, wo rund 8.000 palästinensische Flüchtlinge in niedrigen Häusern Tür an Tür leben. Am Lagereingang sah ich ein Haus, dessen Balkon von Schüssen durchlöchert war. Eine junge Frau war mit dem Besen am Werk. „Wie bist du zu all den Kugeln gekommen?“, fragte ich sie. „Von den Helikoptern“, antwortete sie mit einem Blick zum Himmel. „Sind gesuchte Männer in deinem Haus?“, fragte ich frech, und sie sagte: „Nein. Ich habe drei Kinder, und mein Mann verkauft Gemüse.“ Dann holte sie eine Tasche voll verschossener Kugeln, von der Sorte, die man für Maschinengewehre benutzt. „Was taten deine Kinder?“, fragte ich. Sie sagte: „Nichts“, und ging wortlos wieder hinein. Ich setzte meine Runde fort, gemeinsam mit Hunderten von Menschen, die im Lager die Schäden begutachteten.

Die beschädigten Häuser zu finden, war einfach, denn die Leute riefen und luden mich ein, wenn sie mich mit der Kamera auf der Schulter sahen. Ich sollte filmen, was ihnen passiert war. An ein Haus erinnere ich mich, weil mir geschildert wurde, wie die israelischen Soldaten die dort wohnende zehnköpfige Familie in einen Raum eingesperrt hatte. Darauf begannen sie, jedes Stückchen Stoff umzudrehen. Bei einer so großen Familie sind das ein paar Schränke voll. Die Kleidungsstücke wurden nicht als Bündel rausgeworfen und verbrannt – nein, jedes Stück wurde in die Hand genommen und zerrissen. Es muss eine seltsame Szene gewesen sein und zeitraubend. Man sollte meinen, in einer militärischen Großaktion würden die Soldaten keine Zeit für solche Spielereien haben.

Ich kriegte genug vom Lager, immer wieder dasselbe, Löcher in den Wänden, zerstörte Möbel, kaputte Autos – ich hörte auf zu filmen und ging ins Stadtzentrum von Ramallah. Dort war viel Betrieb: Arbeiter flickten abgerissene Wasserrohre und Stromleitungen, Ladenbesitzer räumten die Scherben vom Eingang weg, viele Leute versammelten sich für die Beerdigung der zehn Todesopfer des Angriffs. Überall standen junge, bewaffnete Männer herum.

Eine Freundin, die mich filmen sah, drängte mich, das Haus gegenüber der Schule anzusehen, das die Soldaten besetzt hatten: Es ist eines der alten Häuser von Ramallah, ein schönes zweistöckiges Gebäude mit rotem Ziegeldach; von außen ist ein riesiges Loch in der Vorderseite des Hauses zu sehen, und die Türe scheint geöffnet, obwohl sie verschlossen ist – sie ist völlig durchlöchert von Kugeln. Drinnen sah es aus wie auf einem Schlachtfeld. Der Hauseigentümer, ein Apotheker in den späten Fünfzigern, sprach mit einer Frau vom *Internationalen Komitee vom Roten Kreuz* (IKRK). Ich hörte ihn sagen, als die Familie zuhause gewesen sei, sei plötzlich von allen Seiten aufs Haus geschossen worden. Dann, so erzählte er, sei eine große Bombe durch die Frontmauer eingeschlagen. „Vielleicht wissen die nicht, dass da eine Familie wohnt", habe er sich gedacht und seine jüngste Tochter angewiesen, eine weiße Fahne zu hissen. Darauf hätten die Soldaten aufgehört zu schießen, wären ins Haus eingedrungen, hätten die Familie in einen Raum eingesperrt und im ganzen Haus Position bezogen, um von da aus zu schießen – nun nach draußen. „39 Stunden und 45 Minuten", hörte ich den Mann zur IKRK-Vertreterin sagen, „dauerte der Horror."

Ich schaute mich im Haus um. In der Küche sah ich, wie sich eine Menge Frauen und Männer um eine Journalistin scharten, die ich als die bekannte israelische Journalistin Amira Hass erkannte. Sie sprachen leidenschaftlich auf die Frau ein. Am Ton ihrer Stimmen erkannte ich, dass für diese Menschen Amira nicht nur eine Journalistin war – sie war eine Botin. Sie sprachen und sprachen, und ich filmte natürlich. Und eins wird auf diesen Bildern klar zum Ausdruck kommen: wie sehr diese Leute von den Israelis gehört werden wollen. Sie ließen die Journalistin für Stunden nicht mehr los. Wer immer in die Küche kam, war zuerst schockiert, hier eine Israelin zu finden – und begann dann seinen eigenen Monolog. Diese Begegnung zwischen Palästinensern und Israelis rührte mich, besonders zu diesem Zeitpunkt an einem solchen Ort. Sie straft die ganze Ideologie von Absonderung und Separation Lügen. Dieser wenn auch minimale Dialog zeigt, dass er möglich und nötig ist. Beide Völker müssen des andern Schmerz und Angst anerkennen. „Es gibt keine kluge Besatzung", hörte ich den Apotheker Afif sagen. „Besatzung kann mächtig und brutal sein, aber niemals klug. Du, Amira, musst deinen Leuten sagen, besonders jenen, die für Sharon auf die Strasse gehen: Euer Frieden ist unser Frieden."

April 2002: Die Selbstmordattentäter-Fabrik

Ich gehöre zu jenen Palästinensern, die eine Menge israelischer Freunde haben und die für einen großen Teil ihrer Arbeit zwischen Ramallah, Jerusalem, Tel Aviv und Europa hin- und herreisen. Nennen Sie mich einen Liberalen oder einen Demokraten – ich ziehe Gemeinden und Gemeinschaften den nationalstaatlichen Grenzen vor. Ich glaube an die Kultur, und ich hasse Gewalt. Ich hasse palästinensische Gewalt, so wie ich israelische Gewalt hasse. Ich bin einer jener Palästinenser, von denen man kaum etwas hört und denen schlecht wird bei jeder Nachricht von einem Selbstmordattentat. Ich mochte das *Café Momento*, das am 9. März zerstört wurde, wie ich andere Cafés in Jerusalem mag. Ich bin einer der vielen Palästinenser, die Verhandlungen der Verweigerung vorziehen und die glauben, dass alle Menschen zusammen leben können.

Einmal war ich mit meiner Kamera am Kalandia-Checkpoint zwischen Ramallah und Jerusalem. Die Hauptstrasse war gesperrt. Ich mischte mich unter die Menge, die stundenlang an der Hauptstrasse verharrte, bis jede und jeder Einzelne endlich von einem Soldaten aufgefordert wurde, die Jacke auszuziehen, Handtasche und Aktenkoffer zur öffnen, und dann erst gehen konnte. Während ich filmte, verbreitete sich die Nachricht von einem Selbstmordattentat in Jerusalem. Ich konnte hören, wie die Leute in der Warteschlange zueinander sagten: „Ich könnte der Nächste sein." „Dieses Leben ist so elend, es wäre besser zu sterben." „Schau, was sie uns antun, was erwarten sie denn?" In der Menge stand ein junger Mann mit Blumen und Süßigkeiten in den Händen. Als er meine Kamera bemerkte, kam er näher und sagte: „Filme uns, damit die ganze Welt sieht, was sie uns antun." „Wohin willst du?", fragte ich ihn. „Nach Jerusalem, zu meiner Verlobten." „Wo arbeitest du?" „Ich bin Verkäufer bei einer Computerfirma", antwortete er und fügte wütend hinzu: „Auch ich bin aus Jerusalem, ich zahle Steuern wie die Juden, doch schau, wie die uns behandeln. Wir können so nicht mehr leben, sie töten uns nach und nach, Tag für Tag." „Was hältst du vom Anschlag im Café?", fragte ich ihn unvermittelt. „Weißt du, ich habe so etwas nie unterstützt, aber jetzt, da ich in dieser Warteschlange stehe und jeden Tag durch diese Hölle gehe, ist es mir egal. Ich denke, sie verdienen es. Sie machen bei uns keine Unterschiede, warum sollten wir es bei ihnen tun. Ich fühle, dass sie mich jeden Tag ein Stück mehr zum Selbstmordattentat treiben. Glaub mir, wenn sie mich sowieso töten, dann will ich nicht alleine sterben, ich werde ein paar von ihnen mit mir nehmen."

Liebe Israelis, ich sage euch, der Kalandia-Checkpoint und alles, was er verkörpert, ist eine Fabrik für Selbstmordattentäter. Selbstmordattentäter werden nicht in Moscheen oder warmen Häusern gemacht, nein, sie sind das Produkt eurer Armee und der Politik eurer Regierung, welche unterschiedslos die ganze Bevölkerung bestraft. Viele Menschen, die ein normales Leben führen, fern von jeglicher Gewalt, sind dieser Brutalität täglich ausgesetzt. So werden sie dazu getrieben, mit gleicher Brutalität zu antworten.

Mai 2002: Wer gewinnt?

Wer vor dem Bildschirm saß und sich die Nachrichten anschaute, mochte wohl annehmen und vermutet es womöglich auch jetzt, dass Ariel Sharon den Krieg gewonnen hat. Selbst hier in Palästina – wo die Menschen zuallerletzt zu einem solchen Schluss kommen wollen – gibt es einige, die nahe daran sind, das zu glauben. Sharon ist es offensichtlich gelungen, dem palästinensischen Leben und Auskommen großen Schaden zuzufügen, und er schaffte es, alles zu beseitigen, was vom schlecht gestalteten israelisch-palästinensischen Oslo-Abkommen noch übrig geblieben war.

Über all den Ruinen, ausgesetzt der gnadenlosen militärischen Macht, begriffen wir in Palästina plötzlich, wie zerbrechlich und praktisch alleine wir sind.

Wir sind zerbrechlich, weil unser politischer Widerstand gegen die Besatzung sich zu einem Widerstand wandelte, der Selbstzerstörung mit sich bringt. Wir sind zerbrechlich, weil wir zu Geiseln zweier politischer Vorgehensweisen wurden, von denen keine die wirkliche Mehrheit vertritt. Sie besteht aus all jenen Menschen, die sich weder der islamistischen *Hamas* anschließen noch den Behörden trauen; allen, die von einer offenen, demokratischen Gesellschaft träumen; allen, die nach repräsentativen staatlichen Institutionen streben, in denen nicht nur die politischen Fraktionen vertreten sind, sondern die Mehrheit der Bevölkerung aus dem Lande selbst und aus der Diaspora.

Wir sind alleine, weil wir plötzlich erfuhren, dass internationales Recht und internationale Gerichtsbarkeit nicht für alle Völker gelten und wir in Palästina von diesem Privileg ausgeschlossen sind. Wir sind alleine, weil uns der ganze arabische Rummel um Palästina zwar etwas Geld und viele Gefühle brachte, aber der Rest uns überlassen bleibt.

Unser Widerstand wurde im letzten Jahrzehnt durch den Konflikt zwischen *Hamas* und den Behörden geformt. Zwar gibt es Menschen, die dazwischen stehen – sie sind die Mehrheit –, doch sie erheben ihre Stimme nicht, zumindest nicht als politische Strömung.

Auf der einen Seite wählte die *Palästinensische Autonomiebehörde* – und zuvor Arafat, der Vorsitzende der *Palästinensischen Befreiungsorganisation* (PLO) – den Weg der arabischen Diplomatie, um ihre Ziele zu erreichen. Sie gingen direkt zu den höchsten Stellen in den Staaten, die sie besuchten, und ließen die Menschen, die Macht der Straße und der zivilen Institutionen links liegen. Medien, Kultur und soziale Bewegungen wurden nie als strategische Mittel und revolutionäre Werkzeuge begriffen. Die wichtigen Personen der PLO zogen kurzfristige Lösungen vor. Eine politische Kultur des Widerstands zu schaffen, lag ihnen fern. Nach Oslo setzten sie diesen Weg fort, jetzt noch entschlossener, und wiederum vernachlässigten sie den Aufbau einer widerständischen Umgebung in Palästina, einer politischen Kultur, in der sich alle als Kämpferinnen und Kämpfer für die Freiheit fühlen würden, ohne sich selber in die Luft sprengen zu müssen. Es geht um eine politische Kultur, die Widerstand gegen die Besatzung zum Bestandteil der Erziehung und zu einer Lebensweise macht, statt um gewaltsame Impulse und Ausbrüche.

Auf der anderen Seite haben wir eine Opposition, die sich von einer starren Linken zu religiösem Fundamentalismus hin entwickelte. Die palästinensische Linke, durch den Kollaps des realsozialistischen Blocks ihres ideologischen Gehalts entleert, bereitete schon lange den Boden für *Hamas* und *Islamischen Djihad*, die sich dynamischer beim Aufbau von Netzwerken und lokalen Institutionen zeigten. *Hamas* und *Djihad* sehen sich im Recht, ihre eigenen politischen Projekte zu verfolgen. Es sind selbstgerechte Gruppen, die sich auf höherer moralischer Ebene sehen als alle anderen.

Seit Oslo haben sich offensichtlich immer mehr Menschen immer weniger in die Politik eingemischt. Ohne neue Parteien, ohne neue politische Formen oder Reformen, ohne Referenden und fast ohne Wahlen wird Politik hier in Palästina anscheinend im Geheimen gemacht. Kein Palästinenser, keine Palästinenserin hat je ein Wort von Arafat und seinen höchsten Helfern über Verhandlungen gehört. Niemand wurde je zu der Zukunft befragt, um die da verhandelt wird. Das Gleiche gilt für *Hamas*. Sie fragen die Menschen nie nach ihrer Meinung über Selbstmordattentate. Die Entscheidung, junge Selbstmordbomber loszuschicken, wird im Geheimen getroffen, doch die Folgen trifft die Allgemeinheit.

Sharon gelang es, alle unsere Schwächen ans Tageslicht zu bringen. Es ist uns allen klar, dass wir jetzt zwei Optionen haben. Wir können unsere politischen Strukturen so erneuern und reformieren, dass wir uns alle um eine nationale Strategie herum sammeln, aus der heraus wir unsere Ziele formulieren und die Mittel, mit denen wir diese Ziele erreichen werden. So können wir eine neue politische Dynamik schaffen und interne Konflikte und unterschiedliche Vorgehensweisen vermeiden. Das ist die schwierige Option – aber jene, die von der palästinensischen Straße benötigt wird, von den Intellektuellen und Politikern. Das ist die Option, die Israel, die USA, die meisten arabischen Führungsfiguren und die wenigen Machtmenschen hier in Palästina nicht wollen. Die andere Option: Wir machen weiter wie bisher.

Die Antwort auf die Frage, ob Sharon den Krieg gewonnen hat oder nicht, hängt davon ab, wie wir uns nun verhalten. Wir sind an einem Punkt angekommen, wo wir sehr schwach sind. Wir müssen unsere Kräfte sammeln, um unseren Kampf weiter führen zu können. Wenn uns das gelingt, hat Sharon seinen Krieg verloren, dann wird er ihn immer verlieren. Doch wenn wir uns ihren Vorgaben fügen, wenn wir ihrer Wahrnehmung von uns entsprechen und uns als Terroristen zu verhalten beginnen (was der Fall zu sein scheint), dann haben wir unseren Unabhängigkeitskrieg definitiv verloren.

Juni 2002: Produktion eingestellt

Levon Ohansian ist wütend. Die Familie Ohansian musste vor ein paar Wochen ihre Papierfabrik schließen, die von Levons Großvater in den frühen dreißiger Jahren gegründet worden war. „All diese Jahre haben wir überlebt und sind größer geworden. Wir begannen mit einer einzigen Maschine, heute haben wir mehr als hundert. Wir bauten Maschinen, die es vorher im Nahen Osten nicht gab, selbst die Israelis hatten sie nicht. Wir bauten sie mit hiesigen Ingenieuren in unserer eigenen Fabrik. Doch statt uns zu unterstützen und zu schützen, überschwemmten die palästinensischen Behörden den Markt mit billigen Produkten aus Jordanien und Ägypten und machten Geld damit. Mit welchem Resultat? Wir sind nicht die einzigen, die schließen müssen. Unser Betrieb sicherte 150 Familien die Existenz. Warum sollen wir uns mit einer Regierung abfinden, die keine Wirtschaftspolitik hat, keine Ideen und keine Pläne? Bei der alles von diesem oder jenem Beamten abhängt?"

Zusammen besuchten wir die Fabrik Ohansians in Ramallah. Wir begannen die Besichtigung der riesigen Anlage bei der Maschine zur Produktion von Papiersäcken, die sein Großvater in den dreißiger Jahren gebaut hatte, und beendeten sie bei einer achtzig Meter langen Maschine zur Produktion von Windeln, die Ohansian mit einer Gruppe von palästinensischen Ingenieuren konstruiert hatte.

Vor der stillstehenden Maschine in der stillen Fabrik ist Ohansians Schmerz und Ärger zu spüren. Naiv frage ich: „Ist denn einmal ein Behördenvertreter hierher gekommen? Wissen sie von dieser Maschine?" Er lächelt. „Erinnerst du dich an die Zeit vor den Wahlen? Das war das einzige Mal, dass einer hier vorbeikam. Er besuchte ‚die Arbeiter, nicht die Fabrik', wie er sagte. Das war's. Er kam nie wieder."

Die Fabrik der Ohansians musste wie die Tabakfirma, die Molkerei-Gesellschaften und viele andere Betriebe mangels wirtschaftlichem Schutz durch die Autonomiebehörden schließen. Denn in der Zeit nach der Gründung der Behörden herrschte eine Art Goldgräberstimmung. Alle rannten dem schnellen Geld hinterher. Die meisten palästinensischen Offiziellen gründeten und betrieben ein eigenes Geschäft, und sie nutzten ihre Macht, ihre eigenen Interessen zu schützen, nicht jene der lokalen Wirtschaft. Auch deshalb fehlt eine Wirtschaftspolitik, die der lokalen Produktion das Überleben ermöglichen würde.

Juni 2002: Die Prinzen von Bantustan

Mittlerweile sind es über Tausend. Persönlichkeiten aus Universitäten, Politik und Kultur haben den Aufruf unterschrieben, der zuerst am 17. Juni erschienen war, am Tag nach einem Selbstmordattentat im Süden Jerusalems. 55 PalästinenserInnen und Palästinenser riefen darin die Verantwortlichen auf, die Selbstmordanschläge zu stoppen. Am Tag darauf kam der nächste Selbstmordanschlag, und noch einen Tag später erschien die gleiche Anzeige in der lokalen Zeitung *Al-Quds* erneut, diesmal bereits mit über 150 Unterschriften.

In der gleichen Woche brachte die Zeitung *Al-Hajat al-dschadida* eine kurze Nachricht über die Absicht der anerkannten Persönlichkeiten Haidar abdesch-Schafi, Mustafa al-Barghuti und Ibrahim Dakak, eine neue politische Form zu finden, um die palästinensischen Energien und Kräfte wieder zu beleben. Diese drei benennen zwar alles Wünschenswerte – Unabhängigkeit, Würde, Demokratie –, doch unglücklicherweise sagen sie nichts darüber, wie sie das erreichen wollen.

Hiesige Zeitungen, arabische Satellitenfernsehkanäle, lokale Fernsehsender und die Menschen auf der Strasse diskutieren ständig

Appell

Beendet die Selbstmordattentate!

Wir, die Unterzeichnenden, sehen es als unsere nationale Verantwortung an, diesen Appell zu veröffentlichen – angesichts der gefährlichen Situation, in der sich das palästinensische Volk befindet.

Wir rufen die Parteien, die hinter den militärischen Operationen gegen Zivilisten in Israel stecken, auf, ihre Politik zu überdenken und aufzuhören, junge Männer zur Ausführung dieser Handlungen zu drängen. Selbstmordattentate vertiefen den Hass und vergrößern die Kluft zwischen dem palästinensischen und dem israelischen Volk. Sie zerstören zudem die Chancen einer friedlichen Koexistenz beider Völker in zwei benachbarten Staaten.

Wir sehen, dass diese Attentate nichts beitragen zum Gelingen unseres nationalen Projekts: dem Ruf nach Freiheit und Unabhängigkeit. Im Gegenteil, sie stärken die Feinde des Friedens auf der israelischen Seite und verschaffen der aggressiven israelischen Regierung unter Sharon den Vorwand, ihren harten Krieg gegen unser Volk fortzusetzen. Dieser Krieg zielt auf unsere Kinder, Alten, Dörfer, Städte und unsere nationalen Hoffnungen und Errungenschaften.

Militärische Aktionen können nicht unabhängig von der allgemeinen Situation und dem allgemeinen Kontext als ausschließlich positiv oder negativ angesehen werden. Sie müssen danach beurteilt werden, ob sie politische Ziele erreichen. Deshalb müssen diese Aktionen neu bewertet werden. Es muss in Betracht gezogen werden, dass die ganze Region zerstört werden wird, wenn ein Krieg zwischen den beiden Völkern geschürt wird, die das Heilige Land bewohnen. Wir können keinerlei logische, menschliche oder politische Gründe erkennen, die dies rechtfertigen.

Urgent Appeal to Stop Suicide Bombings, 22. Juni 2002.
Übersetzung: Dialog International

über die israelische Aggression und palästinensische Reformen. Wahrscheinlich könnte jeder einzelne Palästinenser, jede einzelne Palästinenserin überzeugende Gründe formulieren, warum die Behörden verändert werden müssen. Öffentliche Versammlungen rufen genauso wie politische Organisationen und Figuren dazu auf; organisiert werden akademische Veranstaltungen, Fernsehdebatten und offene Versammlungen an den Universitäten und Schulen; die Zeitungen sind voll mit entsprechenden Kommentaren.

Große Einigkeit herrscht darüber, dass es dem palästinensischen Widerstand an Übereinstimmung fehlt. Zwar teilen wir alle zumindest ein gemeinsames Ziel: Freiheit und Unabhängigkeit. Doch wir scheinen in widersprüchlicher Weise darauf hinzuarbeiten. Jede politische Figur glaubt, *die Wahrheit* zu sagen, *die reine Wahrheit.* Und weil es in dieser Logik nur eine Wahrheit gibt, gibt es keinen Platz für andere.

Islah Dshad, Feministin und Dozentin der Universität *Birzeit* in Ramallah, geht davon aus, dass es zwischen den Anliegen der Öffentlichkeit und den Programmen der politischen Parteien keine Übereinstimmung gibt. „Niemand vertritt das Volk, weder die Behörden noch die Opposition. Es braucht eine neue Partei, ein neues politisches Forum." „Wie stellen Sie sich das vor?", fragte ich sie. „Sie muss anders beschaffen sein als die Mehrheitspartei, die *Fatah*, die nicht deutlich macht, ob sie säkular, also weltlich ausgerichtet ist oder nicht, ob sie bewaffneten Widerstand wählt oder nicht, ob sie auf dem Recht auf Rückkehr der palästinensischen Flüchtlinge besteht oder nicht. Diese wichtigste politische Strömung hat kein Gesicht, keine politische Philosophie. Die zweite politische Kraft sind die radikalen islamischen Gruppen, die alles von einem religiösen Standpunkt aus beurteilen. Letztlich stellt ihr Programm Muslime und Nicht-Muslime und Männer und Frauen nicht auf die gleiche Ebene. Ich stelle mir etwas vor, was wir früher schon einmal hatten: Eine linke Strömung mit einer klaren sozialen Philosophie, eine, die den Geist stärkt, die kulturelle Offenheit statt Isolation propagiert, die eine dynamische Wirtschaftspolitik vertritt anstelle unserer heutigen eigennützigen Wirtschaft, wo die Reichen die Armen fressen. Wichtig ist, dass diese neue Strömung unseren Konflikt mit den Israelis weder als existenziellen noch als religiösen Konflikt sieht; sondern als historisches Unrecht, das die Palästinenser für die europäische Schuld gegenüber den Juden bezahlen lässt. Die jüdische Gemeinschaft lebt heute hier in Palästina, doch Israel müsste sich nicht als Kolonialmacht verhalten. Darum ist es wichtig, dass dieses neue Forum ihre Vision eines Staates verdeutlicht: Der allen, die in Palästina leben, die gleichen Rechte gibt, arabischen und jüdischen Menschen. Umfragen zufolge sind sechzig Prozent der Israelis gegen die Siedlungen in den besetzten Gebieten – warum können wir nicht mit diesen Israelis zusammenarbeiten, um die Siedler zu stoppen? Weil wir unsere Botschaft und unsere Position diesen Leuten nicht klar machen. Selbstmordattentate machen unsere Bemühungen, diesen Teil der israelischen Öffentlichkeit zu erreichen, zunichte."

Andere sehen es ähnlich. Salim Tamari, Soziologe und Leiter des *Institute of Jerusalem Studies*, denkt dabei an ein politisches Forum, das Verschiedenheit und Vielfalt gegen die dogmatische Strenge stellt, die bis heute die politischen Fraktionen charakterisiert. Ein solches politisches Forum müsse Palästinenserinnen und Palästinenser aus dem Lande selbst und aus der Diaspora vertreten. Eine neue politische Kraft könne nur dann Erfolg haben, wenn sie sich auf die sozialen Gruppen bezieht, auf Frauen, Jugendliche, Flüchtlinge, Kinder; wenn sie neben dem politischen Programm eine soziale Vision hat.

Kann die von Jasir Arafat und der *Palästinensischen Autonomiebehörde* angekündigte Reform das schaffen? Kann diese Reform den Lauf der Dinge ändern, die Wende bringen? Wen immer ich das fragte, die Antwort war ein entschiedenes *Nein*. Niemand ist zufrieden mit Arafats Maßnahmen zur Umstrukturierung der *Autonomiebehörde*. Alle wissen, dass mehr getan werden muss, dass drastische grundlegende Veränderungen der *Autonomiebehörde* notwendig sind.

Wir haben alle Elemente für dieses neue Forum, wir haben genügend Intellektuelle, Werktätige, Politveteranen; genügend Arme, Flüchtlinge, Gefangene, Verwundete und Behinderte. Warum haben wir denn dieses neue Forum noch nicht? Was braucht es denn noch? Islah Dshad sagt: „Jene Leute, die die Fähigkeit und Kraft haben, eine solche Initiative zu beginnen, sind lieber Prinzen in ihren kleinen Königreichen, in ihren nichtstaatlichen Organisationen oder privaten Institutionen, statt Diener in der großen Stadt."

Dringender als Wahlen und dringender als schnelle Verhandlungen mit schnellen Resultaten brauchen wir in Palästina eine Pause – um wieder zum Atmen zu kommen, unsere gebrochenen Knochen zu sammeln und nachzudenken. Unter den heutigen Bedingungen sollte die existierende offizielle palästinensische Vertretung nicht über entscheidende Fragen verhandeln, über das Recht auf Rückkehr, Flüchtlinge, Jerusalem, Staatsgrenzen und Wasser. Die aktuelle Führung sollte den Palästinensern eine Pause verschaffen, damit sie wieder zusammenkommen können, aus der Diaspora, den Fraktionen, den beschädigten Dörfern und Flüchtlingslagern.

Der israelische Krieg hat eine dramatische Wende genommen, was Grausamkeit und Hass betrifft. Und wir fanden uns gefangen in der neuen Ethik der Welt nach dem 11. September. Wir müssen Fernsehbilder über uns ergehen lassen, in denen George W. Bush auf Ariel Sharon folgt, beide referierend über ihre Kriege gegen *das Böse*. Die veränderten israelischen Methoden und Taktiken, die veränderte Weltlage verlangen, dass wir unseren Widerstand überdenken und kreativ genug sind, uns auf die effektivste Art zu engagieren. Widerstand gegen die Besatzung ist heute kaum mehr Angelegenheit der Öffentlichkeit. Märtyrertum und Selbstmordattentate machten den Widerstand zur Sache einiger weniger, den „Auserwählten", während die anderen nur zuschauen und die Folgen ertragen müssen. Widerstand gegen die Besatzung muss auf die Strasse zurückgebracht werden und die Strasse zurück in den Widerstand. Das ist der Unterschied zwischen der ersten und der zweiten Intifada: Die erste war ein Volksaufstand, an dem sich alle beteiligten. Die Steine in den Händen junger Männer und Frauen erwiesen sich als viel stärker und effektiver als all unsere Feuerwaffen.

1 Volksfront zur Befreiung Palästinas

Texte mit freundlicher Genehmigung in Auszügen entnommen der Wochenzeitung (WoZ), Schweiz, und bearbeitet. Sie erschienen dort am 21.9.2001 und 20.12.2001 sowie am 21.3., 4.4., 16.5. und 27.6.2002.

Uta Klein

Israel/Palästina: Geschlechterverhältnisse unter der Vorherrschaft der Gewalt

Immer in Zeiten von Kriegen erscheint es vielen Menschen ein Luxus zu sein: Danach zu fragen, wie es um die Geschlechterverhältnisse der betroffenen Gesellschaften bestellt ist. Für Palästina steht im Vordergrund, wie die israelische Besetzung von Westbank, Gaza und Ost-Jerusalem ein für allemal zu beenden ist, wie ein lebensfähiger Staat entstehen kann und wie dieser aussehen sollte. Für Israel scheint die Frage zu sein, wie der Staat in den Grenzen von vor 1967 ein sicheres Leben für die Zivilbevölkerung ermöglichen kann.

Dahinter treten zur Zeit alle innergesellschaftlichen Probleme zurück. Dabei haben beide Gesellschaften wahrlich einen Berg an Aufgaben zu bewältigen. Deutlich wurde dies in den Jahren, in denen ein Friedensprozess – trotz vieler Abstriche – zumindest möglich schien und periodisch Verhandlungen geführt wurden. Beide Gesellschaften hatten sich pluralisiert. Es waren etwa unterschiedliche Auffassungen deutlich geworden über die politische Ausrichtung eines zukünftigen palästinensischen Staates. In Israel wurde die Diskriminierung verschiedener Bevölkerungsgruppen mehr denn je öffentlich diskutiert, allen voran der palästinensischen Israelis und der orientalischen Juden, den *Sepharden*. Zum Thema geworden war auch die Hegemonie bzw. Vorherrschaft von Männlichkeit und die Benachteiligung von Frauen in beiden Gesellschaften.

Diese Entwicklung wurde jäh unterbrochen durch die militärische Eskalation des Konfliktes; eine Folge, die als schwerste Hypothek für die Zukunft beider Gesellschaften betrachtet werden muss.

Der israelisch-palästinensische Konflikt und die Militarisierung der Männlichkeit

Als der damalige israelische Premierminister Itzhak Rabin das Osloer Abkommen unterzeichnete, verwies er auf die nationalen Pflichten der israelischen (jüdischen) Männer und auf die der israelischen (jüdischen) Frauen. Er begann seine Rede mit den Worten: „Wir, die Soldaten, die aus den Schlachten blutbefleckt zurückgekehrt sind; wir, die wir mit ansehen mussten, wie unsere Verwandten und Freunde starben...". Rabin fuhr mit der Beschreibung des israelisch-jüdischen Kollektivs fort: „Wir kommen aus einem Volk, einer Heimat, einer Familie, die kein einziges Jahr, keinen einzigen Monat erlebt hat, in denen die Mütter nicht für ihre Söhne geweint hätten."

Die Soldaten – Rabin meint die Männer – kehrten blutbefleckt aus Schlachten heim, die Mütter, die Frauen also, weinten um ihre Söhne. Die Wehrpflicht von (jüdischen) Frauen in Israel hat demnach nicht, wie man doch annehmen müsste, die gängige Dichotomie, die Zweiteilung der Geschlechter, außer Kraft gesetzt. Männer stehen weiter für den Kampf, Frauen für die Familie. Das ist erstaunlich. Rabin drückte aus, was in der breiten Bevölkerung Konsens ist: Auch wenn Frauen im Militär dienen, gelten sie noch lange nicht als die Beschützerinnen der Gesellschaft; Männern wird diese Rolle jedoch zugesprochen.

Auch in Israel ist – trotz der Wehrpflicht für Frauen – der Soldat männlich. So heißen die Gedenkstätten, in denen in jedem Kibbuz, jedem Ort und jeder Stadt der in Uniform gestorbenen Soldaten und Soldatinnen gedacht wird, *Yad le'banim*, zu deutsch: *Haus der Söhne*.[1] Ja, mehr noch: Das Männlichkeitsbild in Israel ist mit dem Militärischen engstens verwoben, Wehrhaftigkeit ist sein zentrales Element. Dafür gibt es eine Reihe von Gründen, die mit der spezifischen Situation in Israel zu tun haben. Einige seien kurz genannt.

Zunächst hat männliche Wehrhaftigkeit zu tun mit der Entstehung und Entwicklung der zionistischen Bewegung und dem kollektiven Gedächtnis. Die Strömung des politischen Zionismus wandte sich Anfang des letzten Jahrhunderts in ihrer nationalistischen Interpretation jüdischer Geschichte gegen vermeintliche und tatsächliche negative Charakteristika des Lebens in der Diaspora; sie wollte damit eine nationale Wiedergeburt inspirieren. Bis heute werden im Mainstream der israelischen Geschichtsvermittlung die Jahrtausende des Exils ausgespart, da sie der Machtlosigkeit des jüdischen Volkes gleichgesetzt werden. In der Gegengeschichte wird an Rebellen und kämpferische Helden angeknüpft, z.B. an *Bar-Kochba*[2] oder die *Makkabäer*[3]. Die Gegengeschichte bezieht sich auf solche historischen Ereignisse, die der Geschichte der Verfolgung etwas entgegenzusetzen und damit zur Ausbildung einer nationalen Würde und eines nationalen Willens beizutragen haben.

Zur Negation der Diaspora durch die zionistische Bewegung gehörte auch die Absicht, den *neuen Juden* zu schaffen. Ihn stellte sie sich als Gegenbild zu den jüdischen Männern in der Diaspora, vor allem aus den osteuropäischen *Schtetl*[4], vor, die nach Ansicht der Zionisten in Würdelosigkeit und Finsternis lebten. Sie wurden als schwach und ängstlich angesehen, eine deutlich geschlechtliche Konnotation. Der Zionismus reagierte damit auch auf den Antisemitismus des 19. Jahrhunderts, der jüdische Männer als feige, passiv und effeminiert, also weibisch, darstellte. Der europäische Judenhass speiste sich schließlich aus der vermeintlichen Bedrohung für die Männlichkeit: Es waren Juden, Homosexuelle und Frauen, die als Gefahr für die männliche Ordnung angesehen wurden. Und so war es den Zionisten, die ja selber nicht unbeeinflusst von männlichem Nationalismus waren, ein Anliegen, dass der *neue Jude* ein *neuer Mann* sein sollte: Er sollte sich verteidigen können, er sollte stark sein. Die typischen Abbildungen der Pioniere in Palästina zeigen ihn denn auch mit einem landwirtschaftlichen Gerät, um die Erde zu bearbeiten, und einem Gewehr, um sich zu verteidigen. Für eine *neue Frau* war kein Platz vorgesehen.

Zusammengefasst ist Zionismus in der historischen Perspektive auch ein Diskurs über Männlichkeit. Die Kolonisierung Palästinas war eng mit Maskulinisierung verbunden. Dazu gehörte auch die Transformation der Sprache, nämlich der Austausch des als weiblich empfundenen Jiddisch in das wiederbelebte Hebräisch.

Der Ethos maskuliner Ideale wurde verstärkt durch die Ermordung von sechs Millionen jüdischen Menschen durch die Nationalsozialisten. Die Shoah wurde zum Inbegriff der Wehrlosigkeit. Die der Staatsgründung Israels folgenden ständigen Konflikte zwischen Israel und mehreren arabischen Nachbarstaaten, die in sechs Kriege mündeten, trugen ein Übriges dazu bei, dass ein militärorientiertes Männlichkeitsbild nicht in Zweifel gezogen wurde.

So war in Israel bislang auch die Motivation zum Wehrdienst und zum Einsatz in Kampftruppen außergewöhnlich hoch. Der Wehrdienst wird von den jüdischen Israelis als wesentlicher Bestandteil des Übergangs in die männliche Erwachsenenwelt betrachtet und gilt als Recht des Einzelnen, die Zugehörigkeit zur Gesellschaft bzw. zum jüdischen Kollektiv zum Ausdruck zu bringen. Seit einigen Jahren zeichnete sich hier eine zaghafte Veränderung ab, auf die später eingegangen werden soll. Das historische kollektive Gedächtnis wird aber weiter durch die Alltagskultur transportiert: Mythen, Bilder, Denkmäler und Rituale perpetuieren in Israel die Konstruktion des wehrhaften Mannes. So kommen bereits Kinder mit bestimmten Deutungen und Regeln in Berührung, beispielsweise in der Art und Weise, wie Feiertage zelebriert werden. Die Helden *Bar-Kochba* und die *Makkabäer* dienen beispielsweise vor allem den Jungen als Identifikationsfiguren.

Die Verknüpfung zwischen Männlichkeit und Wehrdienst wird von der Wehrpflicht für Frauen nicht außer Kraft gesetzt. Dazu trägt neben den historisch erklärbaren Geschlechterbildern auch die Gesetzgebung selber bei: So waren Frauen bis zum Jahre 2000 – entgegen aller Mythen – aus Kampfpositionen ausgeschlossen! Dies war ein Kompromiss zwischen der *Arbeitspartei* unter Ben Gurion und den religiösen Kräften kurz nach der Staatsgründung. Die religiösen Kräfte lehnten eine Wehrpflicht für Frauen ab. So wurde als Kompromiss ihr Einsatz in Kampfeinheiten untersagt. Aber auch die *Arbeitspartei* hatte immer ihre Probleme mit der *kämpfenden Frau*. Als 1997 die aus Südafrika immigrierte ausgebildete Pilotin Alice Miller eine Klage gegen das Verbot der Pilotinnenausbildung in Israel einreichte, reagierte der damalige israelische Präsident Ezer Weizman schlicht mit den Worten: „Hören sie, Fräulein, haben sie je einen Mann Socke stopfen sehen?" Frauen dienen zudem weniger lang als Männer und sie sind auch nur bis zum Alter von 24 zum Reservedienst verpflichtet – wozu sie sowieso nur in Ausnahmefällen einberufen werden.

Das Geschlechterbild sah für die Frau vor, dass sie der Familie besonders verpflichtet ist: Als Partnerin, Tochter oder Schwester eines Mannes in der Armee – so wie Rabin es im obigen Zitat zum Ausdruck bringt. Dies ist durch die umfassende Wehrpflicht und den langen Reservedienst der Männer auch Realität.

Das Bild besteht aber auch in Hinblick auf ihre moralische Verpflichtung zur Reproduktion der Bevölkerung. Sie wurde (und wird) gewissermaßen als Pendant zum Kampf für die Sicherheit des Landes betrachtet, als die Bedingung, eine jüdische Majorität aufrechtzuerhalten und damit Israel als jüdischen Staat abzusichern. Die politische Führung fühlte sich durch den natürlichen Bevölkerungszuwachs der arabischen Minorität bedroht. Von Beginn an hat der israelische Staat daher durch Immigration und durch die Förderung einer hohen Geburtenrate die Bevölkerungszahlen erhöht. Es war Ben Gurion, der in den 50er Jahren die Mutterschaft als nationale Pflicht charakterisierte und Auszeichnungen an *Heldinnenmütter*, Mütter mit mindestens zehn Kindern, vergab.

Die Geburtenrate der jüdischen Bevölkerung wird bis heute in den Medien heftig diskutiert – vor allem im Zusammenhang mit Regionen Israels, die einen hohen Anteil arabischer Bevölkerung aufweisen. Israel besitzt die höchste Pro-Kopf-Versorgung mit Kliniken zur In-vitro-Fertilisation und die Leihmutterschaft ist seit einigen Jahren gesetzlich erlaubt.

Auch in der palästinensischen Gesellschaft sehen die Diskurse über die Pflichten der Männer und die der Frauen ähnlich aus – trotz der kulturellen Unterschiede – und sind ebenfalls nicht vom israelisch-palästinensischen Konflikt zu trennen.

Arabische Männlichkeit – und so auch palästinensische Männlichkeit – wird durch das Eingehen von Risiken und durch Beweise der Furchtlosigkeit erworben. Hergestellt wird sie durch die Bereitschaft und die Verpflichtung, die Gemeinschaft und ihre Ehre gegen Angriffe von außen zu verteidigen. Als eindeutigster Ausdruck der Ehrverletzung muss die Verletzung der Menschenrechte während der israelischen Besetzung begriffen werden. Die Vorgehensweise des israelischen Militärs führte schon in der Ersten Intifada zu Toten und Verletzten. So finden wir in den besetzten Gebieten eine hohe Zahl von Intifada-Opfern, die körperliche Behinderungen davontrugen oder sich noch in Rehabilitationsmaßnahmen befinden. Die militärischen Konfrontationen fanden schon damals vor allem zwischen israelischen Soldaten und palästinensischen Jungen und jungen Männern statt. Der Widerstand hat sich gleichsam in die männlichen Körper eingraviert, der männliche misshandelte Körper wurde einerseits zur symbolischen Verkörperung der Machtlosigkeit, aber andererseits auch zur Verkörperung des Widerstandes und des Kampfes. Er stand für die Initiation zum männlichen Erwachsenen.

Palästinensische Männer, die früher geprügelt, verhört und inhaftiert worden waren, ohne Kollaborateure zu werden, galten in der Wahlkampagne für die *Palästinensische Autonomiebehörde* 1996 als qualifizierte Aspiranten für politische Führungspositionen. Selbstverständlich haben auch palästinensische Frauen Gewalt und Inhaftierung erlitten, nur wird dies in der palästinensischen Gesellschaft mit weitaus mehr Ambivalenz gesehen; zugleich stellen diese Erfahrungen für Frauen keinen Initiationsritus zum weiblichen Erwachsenenalter dar. Einerseits bedroht die Möglichkeit sexueller Gewalt gegen palästinensische Frauen während der Inhaftierung den Scham- und Ehrenkodex der Gemeinschaft. Wir sehen am Beispiel vieler ehemals inhaftierter Frauen, dass sie nach der Entlassung keine Aussicht auf eine Ehe haben. Auf der anderen Seite zeigt das Erleiden von Inhaftierung und Verhören die Beteiligung der Frauen am nationalen Kampf, was von der männlichen Gesellschaft respektiert werden muss, so dass diese Frauen bei ihrer Entlassung auch gefeiert wurden.

In den Kommuniqués, die die *Unified National Leadership of the Uprising* (Vereinte Nationale Führung des Aufstands) und die *Palästi-*

nensische Befreiungsorganisation PLO während der Ersten Intifada veröffentlichten, werden Frauen selten explizit erwähnt. Wenn, dann werden sie *Mütter der Märtyrer* oder *manabit* (Gärtnerei oder Gewächshaus) genannt; sie werden mit der Erde verglichen, aus der „Männlichkeit, Respekt und Würde" wachsen. Frauen werden unter biologischen Gesichtspunkten – in Beziehung zu Männern und in ihrer Fortpflanzungsrolle – dargestellt. So entbietet das Kommuniqué 29, das für den „Aufruf zu den Feierlichkeiten des unabhängigen Staates" geschrieben worden war, „Glückwünsche für die Mutter des Märtyrers, weil sie nur zwei Anlässe gefeiert hat: die Geburt ihres Sohnes und die Ausrufung des Staates".

Die PLO hatte die Gleichstellung von Frauen und Männern nicht auf ihre Fahnen geschrieben, nicht als Ziel formuliert. In den 70er Jahren gab es zwar sowohl eine Debatte innerhalb der PLO über die Rolle der palästinensischen Frauen, als auch Ansprüche auf eine Umgestaltung der traditionellen Frauenrolle in eine gleichberechtigte Teilhabe, es wurde jedoch stets betont, dass die nationale Befreiung das vorrangige Ziel sei und eine Gleichstellung nur durch die nationale Befreiung erreicht werden könne. Während der israelisch-palästinensischen Auseinandersetzungen wurden feministische Ziele oft betrachtet als Potenzial für die Unterminierung und die Aufspaltung des vereinten Befreiungskampfes. Frauen wurden aufgefordert, ihre Energie in den nationalen Kampf zu investieren und die nationale Einheit nicht zu gefährden. Eine Gesellschaft wie die palästinensische, die eine fremde Besatzung erleidet, knüpft die Verteidigung ihrer Identität oft an die Verteidigung der traditionellen Frauenrolle und damit der patriarchalen Tradition.

Die Pluralisierung beider Gesellschaften nach Oslo

Viele Jahrzehnte lang hat der israelisch-arabische Konflikt und seine politische Instrumentalisierung dazu geführt, dass Konflikte innerhalb beider Gesellschaften überdeckt wurden. Der innere Zusammenhalt wurde auf beiden Seiten mit dem Verweis auf die äußere Bedrohung beschworen. Dissens wurde als unloyal empfunden. Dieser Effekt tritt – wie das bei Bedrohungen von Kollektiven üblich ist – unabhängig davon ein, ob die Bedrohung objektiv vorhanden ist, entscheidend ist das Bedrohungsgefühl.

In der israelischen Bevölkerung büßte der Sicherheitsdiskurs an Bindungskraft ein, nachdem zu Beginn der neunziger Jahre der israelisch-palästinensische Dialog einsetzte. Vor allem hatte der Mord an Itzhak Rabin auf einer Friedenskundgebung 1995 brutal klargemacht, dass von einer Einheit der jüdischen Bevölkerung nicht die Rede sein kann, sondern dass es um innergesellschaftliche Machtkämpfe geht, bei denen nicht vor äußerster Gewalt halt gemacht wird. Immer weniger ließ sich die Sicherheitsfrage als Argument gegen innere Widersprüche und Kritik aus den *eigenen Reihen* einsetzen. Und so ist gerade im vergangenen Jahrzehnt eine öffentliche Diskussion über Themen entbrannt, die zuvor tabuisiert waren. Soziale Fragen standen zur Debatte, wie auch Diskriminierungen bestimmter Bevölkerungsschichten. Das *Wir*, das zuvor exklusiv jüdisch gedacht wurde und die arabischen Staatsbürger und -bürgerinnen ausschloss, zerfiel in Differenzierungen.

Auch die feministische Bewegung hat im vergangenen Jahrzehnt an Überzeugungskraft gewonnen und – so deutlich wie nie zuvor – den Status von Frauen auf die Tagesordnung gesetzt. Neben Indizien für eine Ungleichheit von Frauen und Männern, wie wir sie überall kennen – Gehaltsgefälle, Aufstiegsbarrieren für Frauen, Zuständigkeit für die Familienarbeit – ist es die Dominanz des Militärs bzw. des Militärischen und der Sicherheitsfrage in Israel, die seit einem Jahrzehnt vehement auch in ihren Folgen für Frauen diskutiert wird. Der Sicherheitsdiskurs hat dazu gedient, die Ungleichheit zwischen den Geschlechtern zu legitimieren. Die Benachteiligung von Frauen galt sozusagen als *Luxusproblem*, um das man sich kümmern werde, wenn Frieden erreicht sei.

Dabei verursacht gerade die Dominanz des Militärs die Ungleichheit der Geschlechter. Ganz offensichtlich wurden die Zusammenhänge, als im Jahre 1991, dem Jahr des Zweiten Golfkrieges, die Anzahl der Frauen sprunghaft anstieg, die von ihren Partnern getötet worden waren: auf 35 Frauen – so die offizielle Zahl. Ein Viertel der Tötungen oder Morde wurde nach meiner Durchsicht der Zeitungsberichte mit Waffen durchgeführt. Von diesen stammten zahlreiche aus dem Bestand der israelischen Streitkräfte. Das heißt, dass die Allgegenwart von Waffen und die Verfügung der meisten Männer über Waffen das Risiko innergesellschaftlicher Gewalt mit Todesfolge erhöht. Auf einer Podiumsdiskussion anlässlich des *Tages gegen Gewalt gegen Frauen* im Herbst 1995 in Jerusalem schockierte eine Frau die Teilnehmenden mit ihrem Bericht. Ihre neunzehnjährige Tochter war wenige Jahre zuvor von ihrem damaligen Freund erschossen worden, da sie sich von ihm hatte trennen wollen. Gilad Shemen, ein dreiundzwanzigjähriger Wehrpflichtiger, hatte aber nicht nur sie auf dem Gewissen: 1989 hatte er in Gaza eine siebzehnjährige Palästinenserin, die lesend an einem Hauseingang saß, erschossen. Shemen wurde nach diesem Mord zunächst wegen fahrlässiger Tötung schuldig gesprochen, kurz darauf aber aus dem Gefängnis entlassen. Zwei Jahre später, 1991, erschoss er seine frühere Freundin.

Unweigerlich warf dieser Fall Fragen auf nach dem Zusammenhang der Gewalt gegen Frauen und der politischen Gewalt im Kontext des israelisch-palästinensischen Konfliktes. Zunehmend sahen vor allem Frauen, die sich in der israelischen Friedensbewegung engagieren, diesen Zusammenhang. Sie stellten fest, dass viele Bereiche der israelischen Zivilgesellschaft von Gewalt, Militarismus und Kriegen geprägt sind. Sie begannen, den Zusammenhang zwischen dem israelisch-palästinensischen Konflikt und ihrer Situation in der israelischen Gesellschaft zu diskutieren. Der Prozess, dass Frauen aus militärischen Gründen in der Gesellschaft zurückgesetzt werden, beginnt für Naomi Chazan, Knessetabgeordnete der Partei *Meretz* und Politikprofessorin, mit der Besatzung der palästinensischen Gebiete 1967 durch Israel. Von da an seien Anliegen von Frauen marginalisiert worden, und man habe von Frauen erwartet, dass sie Männer in allen Tätigkeiten unterstützen. Auf der anderen Seite, betont sie, habe die Militarisierung der israelischen Gesellschaft den Frauen gezeigt, dass sie nicht Teil des Systems seien. Deshalb seien Frauen, wenn auch zum Teil unbewusst, in die Protestbewegung „eingestiegen", ein deutliches Anzeichen für „Emanzipation".

Tatsächlich ist das hohe Engagement von Frauen in der Friedensbewegung auffallend, sei es bei *Women in Black* (Frauen in Schwarz), *Jerusalem Link, Four Mothers* (Vier Mütter) oder die jetzt in der Zweiten Intifada neu entstandene *Coalition of Women for a Just Peace* (Frauenkoalition für einen gerechten Frieden).

Auswirkung hat die Dominanz des Militärischen auch auf den Status von Frauen in der Gesellschaft. Sie sind nicht Teil des Netzwerkes, das Männern nach einer Militärlaufbahn zu angesehenen Berufen in der Zivilgesellschaft und anderen materiellen Vorteilen verhilft. Als Beispiel sei die Teilhabe an politischen Entscheidungen genannt. Die israelische Gesellschaft traut Politikern nach einer hohen militärischen Karriere mehr zu als anderen. Selbst für die Friedensverhandlungen galt dies und so war es nicht erstaunlich, dass gerade Itzhak Rabin die Bevölkerung von der Notwendigkeit der Verhandlungen mit den Palästinensern überzeugen konnte. Die Folge davon ist natürlich, dass generell Frauen keine Chance auf Positionen mit politischer Wirkungskraft haben. Der Frauenanteil in der Knesset hatte bis 1999 die Zehn-Prozent-Hürde noch nie überschritten und liegt seitdem bei rund 12 Prozent – für eine parlamentarische Demokratie erstaunlich gering.

Da Frauen auf Positionen verwiesen werden, die mit Erziehung und Kommunikation zu tun haben, ihnen Aufstiegsmöglichkeiten in der *männlichen Armee* verschlossen sind, wie bis zum Jahr 2000 auch ihr Einsatz in Kampfeinheiten, kommen sie gar nicht erst in die Lage, auf eine militärische Karriere zurückblicken zu können.

Anders als früher wird dieser Zusammenhang heute jedoch thematisiert. So erschien vor den Wahlen 1999 eine außergewöhnliche Anzeige in israelischen Zeitungen. Auf einer Fotomontage waren Köpfe von vier prominenten Politikern, die den Wahlkampf beherrschten, auf Frauenkörper montiert: Ehud Barak, Nummer Eins der *Arbeitspartei*, posierte im langen roten Kleid, Benjamin Netanjahu trat in Bluse, enger Hose und Pumps auf. In großen Lettern stand über der Anzeige: „Meine Herren, nicht ohne die Damen! Ihr seid zwar alle ausgezeichnete Offiziere, klug und talentiert ... aber denkt daran, dass die Wählerschaft auch aus Frauen besteht." Aufgegeben hatten die Anzeige mehrere große Frauenorganisationen, die darauf aufmerksam machen wollten, dass der Kampf um die sicheren Listenplätze sowie der Wahlkampf im Ganzen ausschließlich unter Männern ausgefochten wurde.

Auch andere Tabus sind gefallen. Waren vor zehn, fünfzehn Jahren noch die meisten davon überzeugt, dass es keine sexuellen Übergriffe in Israels Militär gab, da hier die Soldatin das *Normale* sei, sind sie heute eines Besseren belehrt worden. Prominentester Fall ist wohl die Verurteilung des früheren Verteidigungs- und Transportministers Yitzhak Mordechai im April letzten Jahres. Den einstigen General, Kommandant an allen drei israelischen Fronten, hatte eine Beschäftigte des Ministeriums des sexuellen Missbrauchs angeklagt. Während des Prozesses meldeten sich in der Zeitung zahlreiche Frauen zu Wort. Sie hatten als Soldatinnen unter Mordechai gedient und berichteten von sexuellen Belästigungen und Übergriffen. Bezeichnend war auch das Urteil: Das Gericht verurteilte Mordechai zwar wegen sexuellen Missbrauchs, setzte aber die 18-monatige Haftstrafe zur Bewährung aus, weil man, so die Begründung, seine ruhmreiche militärische Vergangenheit in Betracht ziehen müsse!

Dass solche Debatten die neunziger Jahre prägten, hing unmittelbar mit der Hoffnung auf einen Friedensprozess zusammen. Die Bevölkerung glaubte nicht mehr unisono an die Bedrohung von außen. Innergesellschaftliche Themen wurden wichtiger. Benachteiligte Gruppen meldeten sich zu Wort: *Sepharden* sowie Nachkommen der früher aus arabischen Staaten eingewanderten *Mizrahim*, klagten über Benachteiligungen, palästinensische Israelis wiesen auf ihre strukturelle Diskriminierung im jüdischen Staat hin. Parallel ließ die Motivation zum Wehrdienst nach. All dies waren Zeichen einer Pluralisierung der Gesellschaft, einer Entwicklung zur *Normalität*.

Auch in der palästinensischen Gesellschaft entwickelten sich zarte Ansätze einer *Zivilgesellschaft*. Die ganzen Jahre über hatten Frauen ihre Interessen einem Kompromiss zwischen weltlichen und religiösen Kräften opfern sollen. Die Aufforderung, die nationale Einheit nicht zu gefährden, wurde auch von Frauen internalisiert. „Wir können jetzt keine zweite Front öffnen", äußerte eine Aktivistin der *Union der Palästinensischen Frauenkomitees* während der Ersten Intifada, und fuhr fort: „Wir glauben, dass wir unter der Besatzung so sehr leiden, dass wir alle Fragen der Geschlechterbefreiung bis nach der Befreiung aufschieben müssen."

Die Nationalisten der PLO verhielten sich weitgehend defensiv gegenüber dem religiösen fundamentalistischen Trend. So verhinderten sie nicht, dass eine islamistische Gruppe namens *Mujama* während der Ersten Intifada Frauen unter Druck setzte, ihre Köpfe zu verschleiern. Die Gruppe bedrohte nicht-islamistische Frauen und Frauen, die sich weigerten, das *hijab*[5] zu tragen und es kam sogar zu Übergriffen. In einer Reaktion auf diese Angriffe wurde dies von der *United National Leadership of the Uprising* verurteilt, sie rügte jedoch zugleich „die übertriebene Eitelkeit im Hinblick auf individuelle Kleidung und den Gebrauch von Kosmetika in diesen Zeiten".

Es ist mit Vehemenz von Wissenschaftlerinnen und Feministinnen diskutiert worden, wie die Teilnahme und die Aktivitäten der Frauen in der Widerstandsbewegung der Ersten Intifada das Verständnis der Geschlechterrollen beeinflusst haben. Einerseits ermöglichte ihr Engagement im nationalen Kampf ihre aktive Teilnahme am Geschehen, was zu einer Erweiterung ihrer häuslichen Rolle führte. Andererseits wurden die politischen Ziele von Männern definiert. Frauen wurden in den nationalen Kampf vor allem über ihre häuslichen Rollen einbezogen: Sie waren für soziale und kulturelle Institutionen, für die Kranken und Verwundeten zuständig. Insbesondere verstärkten die Forderungen nach häuslicher Ökonomie die geschlechtliche Arbeitsteilung. Die Wissenschaftlerinnen Rita Giacaman und Penny Johnson der Universität *Birzeit* zogen damals die Schlussfolgerung, dass die Frauen während der Intifada ihre traditionellen Rollen erweiterten, statt neue zu übernehmen. Die Intifada bereitete somit durch die aktive Rolle der Frauen im nationalen Kampf einen Wandel der Geschlechterbeziehungen vor.

Auch in der palästinensischen Gesellschaft muss der Zusammenhang zwischen Militarisierung und Gewalt gegen Frauen gesehen werden. Während der Ersten Intifada wurden nicht wenige Frauen als sogenannte Kollaborateurinnen ermordet – ein bis heute nicht offen diskutiertes dunkles Kapitel. Die israelische Menschenrechtsorganisation *B'tselem*, die als seriös bekannt und von der palästinensischen Seite durch ihre Berichte über Menschenrechtsverletzungen des israelischen Militärs geschätzt wird, erwähnte in einem damaligen Bericht, dass innerhalb von sechs Jahren über 100 Frauen unter dem Vorwurf der Kollaboration ermordet worden waren. Wer die Fälle durchgeht, sieht, dass unter Kollaboration oft ein Verhalten verstanden worden war, das von der Familie (oft männlichen Verwandten) als unehrenhaft, als Verletzung der Familienehre interpretiert wurde. Ein Bericht eines *Women's Empowerment Project* sprach von 20 *honor killings* (Morde wegen Verletzung der Familienehre) in der Westbank und in Gaza im Jahre 1996. Politisch aktive Frauen glauben allerdings, dass es in der Realität viel mehr sind.

Tötungen wegen Verletzung der Familienehre werden gerne ausschließlich kulturell interpretiert. Aber es lässt sich nicht übersehen, dass es häufig eine Tendenz nationalistischer Bewegungen ist, kulturelle Tradition unter dem Stichwort der nationalen Auferstehung wiederzubeleben. Für Frauen bedeutet das oft eine Rückkehr zu traditionellen Rollen.

Angestoßen wurden die offeneren Diskussionen über die Situation von Frauen in der palästinensischen Gesellschaft durch die Debatten über die Wahlen und eine mögliche Verfassung Palästinas. Noch in einem Interview 1989 prognostizierte Arafat eine Repräsentanz von Frauen in einem zukünftigen Parlament, die sich auf dem Level der „fortgeschrittensten Nationen der Welt" bewegen würde. Ihr Anteil an den 1996 gewählten Mitgliedern des Rates betrug dann jedoch nur 6%; eine herbe Enttäuschung für viele aktive Frauen. Sie befürchteten, dass es ihnen wie in Nicaragua und Algerien gehen könnte: Nachdem die Befreiungsbewegungen erfolgreich ihr Ziel einer nationalen Unabhängigkeit erreicht hatten, wurden Frauen wieder in die Privatsphäre zurückgedrängt. Vor allem wollten die Frauenorganisationen verhindern, dass die politische Führung den religiösen Kräften die Hoheit über einen Teil des Rechts einräumt. Gerade das islamische Familienrecht würde Frauen stark *kontrollieren*, besonders in Hinblick auf Heirat, Scheidung, das Sorgerecht und das Erbe. So würde die Frau im Fall einer Scheidung nicht als automatisch Sorgeberechtigte ihrer Kinder gelten. Bei einer Scheidung muss nach dem geltenden islamischen Recht die Frau das Haus verlassen; Haus und Einrichtung sind Besitz des Mannes, sofern es im Ehevertrag nicht anders geregelt wurde.

Zweite Intifada, Krieg und die Folgen

Vor diesen Hintergründen ist die Form der jetzigen Auseinandersetzung nicht nur als Eskalation des israelisch-palästinensischen Konfliktes zu sehen: Sie wirft zugleich beide Gesellschaften zurück und gibt jenen Kräften Auftrieb, die das Aufbrechen des vorherrschenden Diskurses und eine damit einhergehende Pluralisierung und Öffnung der Gesellschaften mit aller Macht verhindern wollen. Hoch im Kurs sind wieder diejenigen, die – in beiden Gesellschaften – den Zusammenhalt beschwören.

Ein großer Teil der palästinensischen Bevölkerung in den besetzten Gebieten lebt inzwischen unterhalb der Armutsgrenze. Männer haben ihre Arbeit verloren. Die Mehrheit der seit September 2000 auf der palästinensischen Seite Getöteten und Verletzten sind Männer. Frauen, deren Männer inhaftiert sind, sowie Witwen müssen heute das Überleben der Familien sichern und sich um die Verletzten kümmern. Wissenschaftlerinnen betonen, dass dies zu immensen Spannungen geführt hat: Arbeitslose Männer können ihre Familien nicht mehr finanziell versorgen, palästinensische Männer können nicht mehr die Sicherheit ihrer Familien garantieren. Und wieder ist ein Anstieg der häuslichen Gewalt zu beobachten, wie auch der sogenannten *honor killings*. So betont der palästinensische Psychiater El Sarraj, dass Frauen sowohl häusliche Gewalt von Seiten ihrer Männer sowie politische Gewalt von Seiten der israelischen Besatzer abwehren müssen.

Die wachsende Bereitschaft zu Selbstmordattentaten und die große Zustimmung zur Gewaltausübung hat auch damit zu tun, dass dies die zur Zeit vermeintlich einzigen Männlichkeitsbeweise sind. Daran ändert auch die Tatsache nichts, dass es erstmals einzelne Attentäterinnen gab. Sarraj, der in Gaza traumatisierte Familien und

Kinder behandelt, ist der einzige, der offen über den psychologischen Hintergrund der zunehmenden Gewaltorientierung gerade von jungen Männern spricht, die mit Männlichkeitsbeweisen zu tun hat: „Niemand weiß, was mit unseren Kindern geschehen ist. Wir bemerken lediglich, dass sie den Respekt vor ihren Vätern verlieren und sich mit dem neuen Symbol der Macht identifizieren – einem israelischen Soldaten mit seinem Gewehr." Es handelt sich um eine Krise der Männlichkeit. Die palästinensische Gemeinschaft befindet sich – im Gegensatz zur Ersten Intifada – längst nur noch in der Rolle des Beobachtenden. Die Handelnden sind junge Männer, die hoch militarisiert vorgehen und sich von ihrer Gemeinschaft entfernt haben.

In der israelischen Gesellschaft lässt jeder neue Terroranschlag die (jüdische) Bevölkerung weiter zusammenrücken. Noch wird von der breiten Bevölkerung Ministerpräsident Sharon nicht die Verantwortung für die Katastrophe zugeschrieben, in die er die israelische Bevölkerung hineingestürzt hat. Noch wird von vielen geglaubt, dass der Entwicklung nur mit Härte und Gewalt entgegengetreten werden könne, obwohl doch täglich wieder aufs Neue deutlich wird, dass es ein falscher Weg ist. Die hegemoniale Männlichkeit erfreut sich einer Renaissance. Zugleich aber, und das gibt Anlass zur Hoffnung, formiert sich der Widerstand auch aus den Reihen des Militärs selber. Auch wenn es quantitativ nicht so viele sind, die ihren Einsatz in den besetzten Gebieten verweigern, sollte die Bedeutung nicht unterschätzt werden: Die Tatsache der Verweigerung sowie die Unterstützung und Öffentlichkeitsarbeit beispielsweise der Organisation *New Profile* (Neues Profil) reicht, um am Image der Armee zu kratzen und der hegemonialen Männlichkeit eine Absage zu erteilen.[6]

New Profile versteht sich als feministische Organisation und hat auch als feministischer Zusammenschluss von Einzelpersonen begonnen. Seit die israelische Friedensbewegung wieder erstarkt ist, weisen *New Profile* und die Frauenfriedensgruppen auf die Rollenverteilung in Zeiten der Militarisierung der Gesellschaft hin. Ein deutliches Zeichen ist die Aktion *Women refuse*, eine Kampagne, die von *New Profile* angestoßen wurde. Die Gruppe weist darauf hin, dass Frauen auch dadurch die Regierungspolitik unterstützen, dass sie zusehen und hinnehmen, dass ihre Partner, Brüder, Väter in den Kampf gezogen werden und ihre Kinder den Wehrdienst absolvieren. Frauen werden aufgefordert, sich militaristischen Lösungen zu verweigern und sich der Beteiligung ihrer männlichen Familienangehörigen in Militäraktionen entgegenzusetzen. Ein Akt, der „sicherlich als unloyal gegenüber der Nation und als persönlicher Betrug betrachtet werden kann", wie *New Profile* annimmt.

Der Blutzoll während der Zweiten Intifada ist nicht mehr vergleichbar mit der Ersten Intifada – auf beiden Seiten. Auch wenn das Machtverhältnis eindeutig asymmetrisch ist – eine Armee der Besatzungsmacht kämpft gegen inzwischen paramilitärisch organisierte Gruppen und gegen eine Zivilbevölkerung – so ist doch auf beiden Seiten hegemoniale Männlichkeit tonangebend. Es sind Männer, die die jeweilige Gesellschaft (vermeintlich) verteidigen. Frauen sind in einer höchst ambivalenten Rolle und befinden sich in einem Dilemma: Einerseits stehen sie emotional auf der Seite ihrer kämpfenden Söhne bzw. Männer, auf der anderen Seite bringt ihnen der Kampf die höchsten Verluste, den Tod ihrer Angehörigen. Dass uns die Medien jubelnde palästinensische Mütter vorführen, die glücklich über den Heldentod ihrer Söhne sind, ist nur ein Teil der Wahrheit. Weder in der Politik noch sonst in der Öffentlichkeit haben Frauen zur Zeit etwas zu sagen. Es wird lange dauern, bis in beiden Gesellschaften eine Entmilitarisierung dazu führen kann, dass Geschlechterdemokratie wieder auf der Tagesordnung steht. Zur demokratischen Veränderung der israelischen wie der palästinensischen Gesellschaft gehört die Geschlechterfrage unmittelbar dazu.

1 Hier sei darauf hingewiesen, dass das jüdisch-israelische Kollektiv gemeint ist. Die arabischen bzw. palästinensischen Israelis sind trotz israelischer Staatsbürgerschaft zum Großteil vom Wehrdienst ausgeschlossen. Es geht hier also um das hegemoniale Männlichkeitsbild.

2 Führer des jüdischen Aufstandes gegen die Römer (132-135 n.u.Z.); Anm. d. Hrsg.

3 nach Judas Makkabäus benanntes jüdisches Geschlecht, kämpfte seit 167 v.u.Z. gegen das syrische Herrscherhaus, später gegen Ägypten und errang die Herrschaft über das jüdische Volk. Die Herrschaft der Makkabäer dauerte bis 37 v.u.Z. an; Anm. d. Hrsg.

4 Jiddische Bezeichnung für Kleinstädte Osteuropas, vor allem Galiziens, die stark von der gesellschaftlichen Struktur der jüdischen Einwohner geprägt waren; Anm. d. Hrsg.

5 Kopfbedeckung; Anm. d. Hrsg.

6 Inwiefern allerdings auch in der Friedensbewegung mit Formen hegemonialer Männlichkeit gearbeitet wird – so wie dies zum Teil bei *Peace Now* der Fall war – kann an dieser Stelle nicht weiter untersucht werden.

Rafik Schami

Tagebuch in Kriegszeiten

11.10.2001

Ich brauchte einen Monat, um an den Schreibtisch zurückzukehren. Ich hatte am 11. September 2001 bis zum Nachmittag keine Nachrichten gehört. Kurz vor 17 Uhr fuhr ich damals zum Supermarkt, um Lebensmittel zu besorgen. Danach stieg ich ins Auto und wollte nach Hause fahren. Ich schaltete das Radio ein. Beim Fahren innerhalb der Ortschaften höre ich immer SWR 1. Das war früher der Rentnersender; heute sendet er unsere Lieblingslieder der sechziger und siebziger Jahre. Man merkt an der Senderwahl, dass man alt geworden ist.

Plötzlich kam die Nachricht vom Angriff in New York. Da ich selten auf die Uhr schaue, dachte ich im ersten Augenblick, es handle sich um ein Hörspiel auf dem Kultursender SWR 2. Orson Welles hat 1938 mit seinem berühmten, in Form von Nachrichten getarnten Hörspiel *Der Krieg der Welten* (es geht darin um die Landung der Marsmenschen in Amerika) eine Panik in der amerikanischen Bevölkerung hervorgerufen, die mehrere Tote forderte. Einen Augenblick lang war ich nun erfüllt von Ekel angesichts der Sensationshascherei der Medien und der Kulturszene in Deutschland, die nur noch mit dem Nervenkitzel arbeiten. Dann zu Hause die schreckliche Gewissheit. Welch ein Verbrechen! Ich erkenne die Grenzen der Vernunft an den fehlenden Zahnrädern, die ein solches Ereignis irgendwie einordnen, verständlich machen. Wie und wo fängt man an? Jede Frage reißt einen Abgrund auf. Die Vernunft scheitert, und aus den hintersten Kammern meines Hirns melden sich nur Spekulationen. Das ist nicht Vernunft, das ist Hilflosigkeit.

12.10.2001

Am 11. September starben viele unschuldige Menschen durch ein Verbrechen, das nie zu entschuldigen und nie zu erklären sein wird, weil an seinen Wurzeln viel zu viele beteiligt sind. Es war ein großes Verbrechen, aber um das, was noch nicht geschehen ist, mache ich mir noch größere Sorgen.

(...)

14.10.2001

Niemand weiß genau, wer die Täter von New York sind, aber ich bin mir sicher, dass die Araber und der Islam den Preis für den Anschlag zahlen werden. Warum bin ich mir da so sicher? Seit dreißig Jahren lebe ich in meinem deutschen Exil und habe tagtäglich mit anzusehen, wie die Araber und der Islam verunglimpft werden. Nicht selten muss ich die unangenehme Rolle übernehmen, die Araber und den Islam vor meinen deutschen Gesprächspartnern zu verteidigen. Diese Rolle ist deshalb so hässlich, weil ich hier im Exil lebe. Aber ich habe als Angehöriger der christlichen Aramäer, einer historischen Minderheit, früh gelernt: Wenn sich die Meute gegen etwas richtet, musst du die Gegenposition einnehmen. Das hat meinen Charakter beeinflusst, und ich bin nicht unglücklich darüber.

Wer als Araber in Deutschland lebt, einem Land, das den Mord an über sechs Millionen Juden zu verantworten hat, der muss gute Nerven haben. Mit den hier lebenden Juden oder Israelis habe ich keine Probleme, da ich mich als Aramäer wie ein alter Onkel sowohl der Juden als auch der Araber fühle und die beiden – übrigens eng verwandten – Streithähne miteinander versöhnen möchte. Je intellektueller sich aber ein Deutscher gibt, desto schwieriger wird für ihn die Begegnung mit einem Araber oder dem, was der durchschnittliche Deutsche für einen Araber hält, und das ist nicht selten ein Aramäer, ein Tscherkesse, ein Kurde oder ein Afrikaner.

In den siebziger und achtziger Jahren war die Mehrheit dieser Intellektuellen philosemitisch. Noch ehe man zwei Worte miteinander gewechselt hatte, fühlte sich der deutsche Intellektuelle bemüßigt, dem Araber seine Bewunderung und sein bedingungs- und besinnungsloses Verständnis für Israel kundzutun. Das war auch die Zeit, in der viele auf einmal ein Viertel- oder Achteljudentum in sich entdeckten. Ich habe den meisten von ihnen nicht abgenommen, dass sie die Juden mögen. Ich empfand ihren Philosemitismus als feigen, aber salonfähigen Antisemitismus. Auch dieser ist nichts anderes als ein Fluchtweg aus der geschichtlichen Verantwortung.

15.10.2001

(...) Es ist wichtig, die Leidenschaft der Araber für das Wort zu berücksichtigen, wenn man den Terroranschlag von New York betrachtet. Fällt niemandem auf, dass hier die Verbrecher schwiegen? Das ist nicht arabisch. Das können niemals normale Araber gewesen sein, auch keine arabischen Fanatiker. Man muss muslimische Extremisten einmal erlebt haben. Ich habe sie erlebt. Sie lassen selbst beim Verlesen des Todesurteils weder Richter noch sonst jemanden zu Wort kommen. Die New Yorker Verbrecher aber schwiegen. Warum? Ist das Verstummen der Täter Ausdruck ihrer Wut, ihrer Verbitterung? Sind es völlig deformierte Menschen, die im Grunde ihrer Seele unpolitisch sind, auch wenn ihre Tat von verheerender politischer Wirkung ist? Politik, so schlecht sie auch sein mag, unterscheidet sich vom Verbrechen durch das Wort. Das Verbrechen kann stumm sein, die Politik nie. Aber unsere Welt ist krank, so krank, dass kleine Verbrecher, die noch gestern brave angepasste Studenten waren, mit einer einzigen Tat Weltpolitik machen.

(...)

17.10.2001 morgens

Was haben die Araber von Israel gelernt? Nichts über die westliche Demokratie, auch nichts über die Liebe zu ihrer Heimat oder den Zusammenhalt in einer Gesellschaft, nein. Sie lernten von den Israelis, ihre Armee und die Geheimdienste besser zu organisieren, und versuchen, sich mit atomaren, biologischen und chemischen Waffen auszurüsten. Was haben die Israelis von den Arabern gelernt? Nichts über die Großzügigkeit im Hinblick auf die Minderheit, nichts über die Milde angesichts des unterlegenen Feindes, aber viel über die zunehmende Militarisierung ihrer Regierungen.

17.10.2001 nachmittags

Ein palästinensischer Bekannter ruft mich aus Paris an. Im Laufe des Gesprächs entdecke ich etwas Ungeheuerliches. Ich mache ihn darauf aufmerksam – und das Gespräch stirbt ab. Dieser Bekannte, ein Journalist, wollte mir weismachen, die Palästinenser sollten die Israelis reinlegen und zu allem Ja und Amen sagen, um möglichst viele Gebiete zu bekommen, und danach alles Gesagte wieder rückgängig machen. „Verträge sind Dreck auf Papier", sagte er und lachte.

Die Doppelzüngigkeit ist in der Tat eine große Schwäche der Palästinenser. Sie wurden in fünfzig Jahren Elend unter den arabischen Diktaturen dazu erzogen und merken es nun nicht mehr. Sagt es ihnen ein Freund, so werfen sie diesem vor, ein Agent der Israelis zu sein. Das ist die Tragödie der Geschichte dieses Volkes. Jasir Arafat wäre 1965 am Tag nach der Gründung seiner *Fatah* umgebracht worden, wenn er nicht doppelzüngig gewesen wäre, und auch heute wäre selbst der kleinste und unbedeutendste Palästinenser in jedem arabischen Staat auf der Stelle tot, sobald er den Mund aufmachte. Palästinenser galten schon immer und überall in Arabien als Unruhestifter, wurden verfolgt und brutal gefoltert. Wollte da ein Palästinenser seine verstreute Familie nicht für immer verlieren, musste er sich in Syrien, im Irak, im Libanon, in Kuwait, Saudi-Arabien, Jordanien und Libyen der jeweiligen lokalen Diktatur gegenüber freundlich erweisen. Arafat ist das offizielle, ehrliche und zugleich tragische Spiegelbild seines Volkes. Nicht selten sind arabische Oppositionelle, die Palästinensern bedingungslos zur Seite gestanden hatten, vor diesen zurückgeschreckt, wenn deren Führer (Jasir Arafat, George Habasch, Nayef Hawatmeh etc.) jene Diktatoren umarmten, die ihresgleichen quälten und ermordeten. Oft haben selbst sensible Palästinenser nicht verstanden, warum wir oppositionellen Araber diese Umarmung so ekelhaft fanden.

Auch Israel gegenüber haben sich führende Palästinenser nicht eindeutig verhalten. Ich erinnere mich sehr wohl an mehrere Anhänger der *Fatah*, die uns Verräter schimpften, weil wir ängstlich und ungeschützt Anfang der siebziger Jahre für einen bedingungslosen und freundschaftlichen Dialog mit den demokratischen, aufgeklärten Israelis eintraten und diesen Dialog unter Lebensgefahr auch praktizierten. Das Wort Verräter kam einem Todesurteil gleich. Plötzlich überholten uns nach Oslo dieselben Anhänger der *Fatah* von rechts und suchten unterwürfig mit den konservativsten Israelis den Dialog. Sie pfiffen auf ihre bisherige Haltung und auf ihre geschwollen formulierten Bedingungen. Sie fühlten sich nicht einmal moralisch verpflichtet, sich bei jenen zu entschuldigen, die sie einst Verräter genannt hatten. Das war ein hoher Preis für das Überleben in einer Umgebung, die sich gegenüber jedweder Form von Widerstand und Demokratie als feindlich erwies. Aber die Doppelzüngigkeit wirkt tödlich, sobald sie zur Staatsdoktrin wird. Man verhandelt über ein Dorf im Westjordanland und schielt nach Tel Aviv. Das ist wie eine Kriegserklärung. Ein palästinensischer Staat kann nicht ernsthaft mit Israel verhandeln und zugleich offiziell Büros von terroristischen Islamisten unterstützen, deren oberstes Ziel es ist, Israel restlos zu zerstören. Israel ist eine Realität, und wir müssen aufhören, die Rolle des Debilen auf der politischen Bühne zu spielen. Natürlich muss Israel auch aufhören, auf dieser Bühne den Sonderstaat zu spielen, der andere Länder besetzt und weder Völkerrecht noch UNO-Resolutionen anerkennt. Dies ist die größte Schwäche Israels: sich im eigenen Land als ein Verfolgter in der Diaspora zu fühlen und in Arafat einen zweiten Hitler zu sehen. Auf die Dauer verursacht diese Haltung genau den Terror, den Israel befürchtet.

17.10.2001 abends

Ein Treffen mit einem Bekannten endete im Streit. Ich wollte einkaufen und traf einen Syrer, der in Mainz lebt. Wir wollten schnell einen

Kaffee trinken und – wie das unter Syrern üblich ist – verkrachten uns bald wegen der Lage in Syrien. Im Streit wurde der Bekannte antisemitisch. Ich sagte ihm das auf den Kopf zu. Da erwiderte er fast triumphierend und mit der Dummheit, die viele Araber und deutsche Araberfreunde unentwegt wiederholen: „Wie könnte ich antisemitisch werden? Ich bin doch ein Semit." Antisemitismus ist eine der übelsten Plagen der Menschheit. Jeder kann von ihr angesteckt werden. Es gibt keine Garantie für eine Immunität gegenüber dieser üblen Krankheit. Antisemitismus ist wie die Dummheit: Er verbreitet sich unabhängig von der Herkunft und der sozialen Schicht.

Der größte Unsinn aller Zeiten besteht darin zu behaupten, Araber könnten keine Antisemiten sein, weil sie selbst Semiten seien. Das hört sich griffig und verführerisch an, aber es ist falsch. Dieser Satz wirft zusammen, was nicht zusammengehört. Semiten bilden eine Sprachgruppe, das heißt, es handelt sich dabei um verschiedene Völker, deren Sprachen miteinander verwandt sind. Arabisch, Hebräisch, Amhari (eine äthiopische Sprache) oder Aramäisch zählen zu den semitischen Sprachen. Die Semiten als Volk gibt es nicht. Antisemiten aber sind Menschen, die ein bestimmtes Volk – die Juden – hassen und in krankhafter Weise diesem Volk alles Üble in der Gesellschaft oder in der Welt anlasten. Ein Antisemit ist also ein spezialisierter Rassist. Antisemiten sind demzufolge weder eine Volks- noch eine Sprach-, sondern eine Gesinnungsgruppe. Russische, deutsche, arabische oder französische Antisemiten können sehr verschieden voneinander sein, aber sie sind sich einig in einem Punkt: im Hass gegen die Juden.

18.10.2001 frühmorgens

Spätestens am 11. September muss auch der naivste unpolitische Mensch begriffen haben, dass der Nahostkonflikt jeden etwas angeht. Israelis und Palästinenser, diese beiden Völker, schinden sich seit Jahrzehnten. Es gilt, kritisch versöhnend, nicht blind für eine Seite Partei nehmend, etwas zu bewirken. Wer fanatisch für eine der Seiten ist, ist auch schon gegen sie. Es gibt kein Überleben der Palästinenser ohne die Israelis und umgekehrt.

18.10.2001 nachmittags

Ich gehöre den Aramäern an, einem uralten Volk, das einst ein großes Reich im Orient beherrschte und tausend Jahre vor Christus schon zivilisiert war. Wir sind heute eine winzige Minderheit, die verstreut im Irak, in der Türkei, in Indien und Syrien lebt. Ich bin christlich erzogen worden. Die Kultur, die mich formte, ist eine islamisch-arabische

Kultur, an der sowohl arabische Christen und Juden wie auch muslimische Nicht-Araber mitgewirkt haben. So ist jetzt auch meine Kultur die deutsche, mit der ich ohne Bedarf an Leitkultur oder Leithammel, aber zusammen mit vielen anderen etwas bewirke. Auch in der Demokratie gibt es versklavte Seelen, die immer geleitet werden wollen, immer nach einem Leithammel schielen – aus denen kann höchstens eine Herde entstehen, aber keine lebendige demokratische Kultur.

Früher haben die Araber der Welt viel an Wissen und Kultur gegeben, und heute liefern sie, entrechtet und beraubt, ihr Öl überallhin, um die Menschheit zu beglücken. Dafür darf man sie weder verachten noch mit rassistischen Filmen und Büchern solange verteufeln, bis jeder Araber in Wut gerät, wenn er diese Undankbarkeit erlebt. „Warum", antworte ich meinen deutschen Freunden auf die wiederholte Frage, was die Araber heute geben, „warum muss man dauernd etwas geben? Warum nehmt ihr die Zivilisationen nicht so, wie sie sind? Was soll diese kleine Region noch mehr geben? Vier Weltreligionen bester Qualität hat sie hervorgebracht – Judentum, Christentum, den Islam und die Bahai-Religion – und auch die Null, die die Araber aus Indien importiert hatten, hat sie auf ihren Siegeszug geschickt. Was wären eure Computer ohne diese eine kleine Null? Das Erdöl gibt euch diese Gegend fast gratis. Darf sie sich nicht etwas ausruhen?"

18.10.2001 nachts

Wir haben ein großes Problem im Orient: Das Fehlen von Demokratie und Freiheit verhindert die Auseinandersetzung mit der Vergangenheit. Ohne die kritische Auseinandersetzung mit der Vergangenheit können wir uns aber nicht aus ihrer Umklammerung lösen und die frische Luft der Zukunft atmen.

19.10.2001

(...) Eine Zeitlang schienen die CIA und die amerikanische Politik recht zu haben. Die USA ließen die lokalen Regime und Israel die Dreckarbeit vor Ort erledigen. Die Menschen in der Region sollten ohne Alternative bleiben. Diktator (Turm) gegen Islamisten (Läufer) und zwischendurch eine Überraschung mit Israel (Springer). Hier mal vorrücken, dort mal zurückziehen. Ein wunderbares Spiel, an dessen Ende die arabische Welt bar allen Öls zurückbleibt, als verseuchtes Gebiet mit rostigen, radioaktiv strahlenden Kriegsgeräten, die aus dem Sand ragen. Doch die Rechnung geht nicht auf – das Leben auf unserer Erde ist kompliziert, und so kann es tatsächlich zu dem kommen, was unsere Vorfahren immer gewusst haben: Wer

Wind sät, wird Sturm ernten. Noch nie wurde eine Supermacht in Arabien so gehasst wie heute die Amerikaner.

(...)

21.10.2001 nachts

Für mich ist jede Form von Antiamerikanismus eine feige Ausländerfeindlichkeit. Nicht selten versteckt sich dahinter der Wunsch, das eigene Unbehagen den Fremden gegenüber durch den Hass auf einen mächtigen Staat loszuwerden oder zu tarnen. Man kann vieles von den Amerikanern – wie übrigens von anderen Völkern auch – lernen.

Ich beweine jeden Menschen, der unschuldig durch das Verbrechen am 11. September sterben musste, vor allem die tapferen Feuerwehrleute. Aber ich bin nicht bereit, den 11. September als den Beginn eines Kriegs gegen die Zivilisation zu betrachten. In dieser Formulierung, die viele Europäer naiv in den Mund nehmen, steckt eine gehörige Portion Rassismus. Als wären die Kriege außerhalb der westlichen Metropolen Kriege gegen die Barbaren. Seit meiner Geburt 1946 gibt es weltweit Kriege, und man kann in der Tat von einem Weltkrieg neuen Typs sprechen. Ich bin auch überhaupt nicht bereit, den Anschlag der Terroristen als einen Anschlag auf die Freiheit und die Zivilisation zu bezeichnen. Es war ein Anschlag gegen die Vereinigten Staaten, und zwar ein verbrecherischer Anschlag mit ungeheurer Symbolkraft, da er sich eindeutig gegen die amerikanischen Machtzentren richtete.

(...)

24.10.2001 nachmittags

Israel kann mit Hilfe der USA alle arabischen Staaten in einem Krieg besiegen. Aber Israel kann selbst mit dem Beistand aller Staaten nicht den palästinensischen Terror besiegen. Ariel Sharon wird den Leidensweg der Israelis nicht verkürzen, sondern verlängern. Die einzige Lösung ist eine gerechte Versöhnung mit den Palästinensern.

24.10.2001 nachts

(...) In einer deutschen Sendung wird der massive Verdacht ausgesprochen, dass die Milzbrandbakterien aus dem Irak stammen. Eine Stunde später sagen die Amerikaner dann, dass sie nicht wissen, wer dieses Verbrechen begangen hat. Die Amerikaner halten sich zurück, aber der drittklassige deutsche Moderator weiß bereits, dass es der Irak war – und das im ZDF, zu dessen Finanzierung ich mit meinen Gebühren beitrage. Was aber, wenn jener feige Moderator Österreicher, Israelis oder Amerikaner statt Iraker beschuldigen würde? Ein Skandal. Ein paar Tage später geben die Amerikaner bekannt, die Milzbrandverbrecher seien mit großer Sicherheit Amerikaner. Wird der deutsche Moderator dadurch entlarvt? Das spielt nach neuesten psychologischen Erkenntnissen gar keine Rolle mehr, denn die Stimmung hat er bereits angeheizt, und mehr sollte seine Sendung nicht erreichen. Und das im öffentlich-rechtlichen Auftrag! Hat Deutschland keine anständigen Kulturproduzenten mehr? Hat das Land gar keine anständigen Nahostexperten mehr, die die Bevölkerung ohne Ideologie informieren?

(...)

27.10.2001 nachts

Die Literatur ist ein Spiegel der Seele eines Volkes. In ihr kommt all das vor, was die offizielle Geschichte eines Landes nicht erzählen, die Statistik nicht erfassen und das Gesetz nicht formulieren kann. Man wird also ein Volk niemals allein durch das Studium seiner Geschichte, seiner Wirtschaft und seiner Gesetze kennen lernen, sondern muss vor allem die Literatur lesen, die dieses Volk erzeugt hat und erzeugt. Deshalb ist die Blindheit gegenüber der Kultur und Literatur anderer Länder bereits ein Zeichen dafür, dass man nichts Gutes mit diesen Ländern vorhat.

28.10.2001 morgens

Die Menschheitsgeschichte ist keine Treppe, wie manch eurozentristischer Denker uns heute vorzumachen versucht, sondern eine endliche konische Spirale. Oben steht die Utopie von einem befreiten weisen Menschen, und unten am Ende der Spirale lauert der gewalttätige Gegenpol. Jeder Mensch, jede Gesellschaft, die gesamte Menschheit bewegt sich zu jeder Zeit auf dieser Spirale, einer Kugel gleich, die auf dieser nach oben hin immer steiler werdenden Spirale rollt. (...)

29.10.2001

Mit der Ähnlichkeit hat es eine seltsame Bewandtnis. Sie ist ein Schlüssel für Erleichterung und Annäherung, wenn Frieden herrscht. Herrscht jedoch Krieg, und sei er noch so geschickt getarnt, verursacht Ähnlichkeit dagegen Peinlichkeit und Aggression. Religionen sind sich sehr ähnlich. So sehr sie sich in den Perspektiven bei der Betrachtung des Lebens voneinander unterscheiden, so sehr negiert jede Religion schon bei ihrer Entstehung alle bisherigen Religionen.

Das heißt, sie erklärt ihnen den Krieg. Das wissen am besten die Theologen, die sich dauernd bemühen, die Unterschiede aufzuzeigen.

Dieses Phänomen betrifft nicht nur Religionen, sondern auch Völker. Die Ähnlichkeit zwischen Arabern und Juden hat in Spanien über siebenhundert Jahre lang zauberhafte Früchte getragen. Heute herrscht Krieg zwischen den beiden Völkern. Die Feindseligkeit zwischen Arabern und Juden ist so groß, weil sie einander tatsächlich sehr ähnlich sind.

(...)

31.10.2001

Man muss damit aufhören, alles, was in Arabien passiert, irgendwelchen Mächten von außen zuzuschreiben. Von innen sind wir, die Araber, kaputt. Ganz tief in uns sitzen immer noch fürchterliche Illusionen. Wir haben in unserer Wahrnehmung einen zentralen Fehler, der uns hindert, selbstkritisch zu urteilen. Der Fehler liegt in der Aufteilung der Zeit in bezug auf den Faktor Wichtigkeit. Zukunft und Gegenwart verfügen in unserem Hirn nur über schmale Streifen, dafür besetzt die Vergangenheit einen ungeheuer großen Raum. Das ist aber nicht notwendig, denn dieser überdimensionale Raum der Geschichte lähmt uns, weil er mit Legenden, Lügen und Halbwahrheiten angefüllt ist. Die Geschichte Arabiens ist interessant, aber sie braucht nicht so viel Raum. Was haben wir nicht alles an Lügen und Legenden in der Schule oder durch die Medien kennen gelernt? Wir schwelgen ohne Sinn und Verstand in unserer Erinnerung an die glorreichen Zeiten. Aber statt zu schwärmen, sollten wir feststellen, dass unsere Vorfahren nicht einmal ein Hundertstel unserer heutigen Mittel hatten und sich doch aus verlausten, zerstrittenen Sippen eine der faszinierendsten Zivilisationen der Welt entwickelte. Schwärmerei hat mit Unwissen zu tun. Wer die historischen Analysen unserer Geschichte von Hadi Al-Alawi liest, hat allen Grund, sich auf die revolutionären Momente der selbstständig denkenden Sufis zu besinnen. Wer von ihnen ausgeht, kann anfangen, zu sich zu finden, realistisch zu denken, demokratisch zu handeln und einen jeden Menschen unabhängig von seinem Pass zu lieben und zu achten. Mögen Diktaturen auch von außen gewollt sein – wären wir im Innern nicht untertan und bereit dafür, könnte keine Diktatur mit all den Geheimdiensten der Welt auch nur ein Jahr überleben. Nicht die Diktatoren sind groß und mächtig, sondern unsere Seele ist mickrig klein. Wir müssen aus der geschichtlichen Kloake herauskommen und frische Luft atmen. Wir müssen aufhören mit dem Satz „Wir waren die größte Zivilisation" und statt dessen den einzig aufrichtigen aussprechen: „Wir stecken in einer tiefen Krise." Und wir müssen die Frage nach dem Warum stellen. Erst dann sehe ich Hoffnung.

(...)

2.11.2001

Ich weiß nicht, warum alle Politiker im Mittelmeerraum, die mit den USA eng zusammenarbeiteten, am Ende gedemütigt wurden. Anwar as-Sadat wurde so blamiert, dass er schon längst vor den Schüssen tot war. Der Schah von Persien ging wie ein armer, kranker Hund ins Asyl, und die USA standen ihm nicht bei. Auch Saddam Hussein war einmal einer der engsten Verbündeten der USA. Jasir Arafat stirbt einen langsamen Tod bei lebendigem Leib und muss mit ansehen, wie seine Gegner im eigenen Lager Aufwind bekommen. Er steht vor demselben Grab, in das er die alte und verbrauchte Führung der Palästinenser stieß, als er ein junger, bewaffneter und – zumindest verbal – kompromissloser Nationalist war. Und Arafat war immer ein zuverlässiger Antikommunist und Freund der Saudis und Amerikaner. Ich hoffe, die leidenden Völker Afghanistans, die jüngsten Verbündeten der Amerikaner, werden mich in zehn Jahren korrigieren.

(...)

5.11.2001

Es gab noch nie einen Herrscher, der seinen Krieg ehrlich rechtfertigen konnte. Nie! In über zehntausend Jahren rief noch kein einziger Herrscher: „Wir greifen das Land an, weil es Bodenschätze/eine wichtige geographische Lage/gute Märkte/Sklaven für unsere Produktion hat." Ein solcher Herrscher wäre zwar auch ein Kriegsverbrecher, aber immerhin ein aufrichtiger. Nein, alle Herrscher erklären feige – und dies seit Beginn der menschlichen Geschichtsschreibung –, sie wollten Gott, die Freiheit, die Kultur, die Religion, die Menschenrechte, die Kinder oder die Demokratie retten.

(...)

1.12.2001

Ich merke, wie ich müde werde. Ich ertappe mich dabei, wie ich tagelang, wenn nicht gar eine ganze Woche lang keine Nachrichten lesen, hören und sehen will oder kann. Ich, der ich früher jeden Morgen noch vor dem Kaffeetrinken alle Nachrichten in arabischer und deutscher Sprache per Internet verfolgt und erst dann an meinem Roman gearbeitet habe, will nun – angewidert – nichts mehr wissen. Ich flüchte mich in Recherchen zum Verhältnis von Muslimen und Christen im 18. und 19. Jahrhundert. Diese sind wichtig, sicher. Das sage ich mir tagtäglich, um meine Flucht zu rechtfertigen. Wie aber geht es der Mehrheit der Bevölkerung, die noch weniger politisch ist als ich? Ist das nicht merkwürdig? Ein Krieg entpolitisiert die Menschen, statt sie zu politisieren!

(...)

20.12.2001
Noch nie wurden die bürgerlichen Medien so manipuliert wie in diesem Krieg. Wenige Tageszeitungen, wie etwa die Frankfurter Rundschau, haben eine anständige Haltung gezeigt und jeden Tag ihre Leser daran erinnert, dass die Redaktion keine unzensierten Nachrichten bekommt. Warum haben die Mächtigen solch eine furchtbare Angst vor der freien Meinungsäußerung? Sie beherrschen alle Sphären der Erde, sie haben alle Medien samt Moderatoren, Intendanten, Redakteuren und Komikern auf ihrer Seite. Sie haben gehorsame Militärs und mörderische Geheimdienste, Ministerien und einen dicken Etat, mit einem Wort, fast alles auf ihrer Seite und fürchten sich vor einer ruhig vorgetragenen Meinung. Warum? Ich weiß es nicht. Früher, als ich noch jung war, fand ich schnell Hilfe und griffige Antworten bei Marx, Engels, Lenin und anderen klugen Herren. Doch dann habe ich erlebt, wie diese Herren oder die Verbreiter ihres Gedankenguts selbst fürchterliche Angst hatten vor einem Gedicht, einer Zeile gut recherchiertem Journalismus oder einem Witz. Deshalb sage ich ohne Ironie: Ich weiß wirklich nicht, weshalb die Mächtigen diese furchtbare Angst vor der Wahrheit haben. Fürchten sie vielleicht, dass ihre Völker doch nicht so dumm sind und etwas mit der Wahrheit anfangen können?

22.12.2001
Wenn ich die Gesichter der Sieger sehe, ist es mir eine besondere Genugtuung, unter den Verlierern zu sein.

24.12.2001
Immer wieder taucht ein Hoffnungsschimmer, ein Licht am Ende des Tunnels auf. Eine Mehrheit der Palästinenser unterstützt laut Umfrage eine friedliche Lösung gegenüber Israel und tritt für Verhandlungen ein. Beide Völker, das israelische und das palästinensische, haben eine friedliche Zukunft dringend nötig.

Das Schweizer Dorf, in dem wir die Weihnachtsferien verbringen, ist eine Bergidylle. Ein langer Nachtspaziergang scheint mir bei dieser klirrenden Kälte zunächst unerträglich, doch nach den ersten Schritten finde ich die verschneite Natur zauberhaft. In den Fenstern leuchten überall Kerzen. Man sieht von der Straße aus die Leute beim Essen. Vor den Haustüren brennen Kerzen in aus Eis geformten Gefäßen. Kurios: Minus zehn Grad Celsius lassen das Eis wie Kristallglas wirken. Überall in den Gassen hört man die Schafe in den nahen Ställen blöken. Wenn ich nicht wüsste, dass Freunde von mir auf beiden Seiten in Israel/Palästina in diesem Moment in Lebensgefahr sind, wäre ich jetzt selig.

Manchmal ersticke ich fast an meiner Trauer. Wie viele Kinder mussten jetzt auf beiden Seiten trauern? Welche verloren ihre Eltern für immer? Und plötzlich lerne ich die Tricks meines Gehirns kennen, wie es sich, und sei es nur für Sekunden, vor dem Ersticken durch Verdrängung der Trauer erholt, um Kraft zu schöpfen. Es lenkt meine Aufmerksamkeit auf ein spielendes Kind, auf eine Lichtbrechung durch einen Wasserkristall, auf einen alten Menschen, der mich freundlich im Dialekt der Gegend begrüßt. Und eine Stelle in meinem Gehirn fragt die andere: „Klingt das nicht ein bisschen italienisch?" Diese Stelle sucht schnell im Register gespeicherter Töne und antwortet: „Ja, aber ein wenig anders." Und schon ist der Orient weit weg, ganz weit weg. Darin liegt der Trick.

26.12.2001

Wer hätte gedacht, dass zwei der kinderfreundlichsten Kulturen der Welt so kinderfeindlich werden? Araber und Juden stellten früher Alte und Kinder in den Mittelpunkt ihrer Liebe und Zuneigung. Historische Gründe führten dazu, dass die Gemeinschaft eine so innige Liebe zu den Kindern pflegte, von der nicht nur Freunde, sondern auch Feinde, wie der ekelhafte Rassist Theodor Tetzner 1835, berichteten: „Man hat bemerkt, dass die Zigeuner wie die Juden eine fast tierische Liebe zu ihrer Nachkommenschaft haben, mit unglaublicher Geduld sich alles von ihnen gefallen lassen und sie doch niemals strafen." Von dieser großen Liebe ist heute weder bei den Arabern noch bei den Juden etwas übriggeblieben. Beide Völker opfern ihre Kinder und Jugendlichen auf dem Schlachtfeld. Es sind palästinensische Kinder, die den Panzern die Stirn bieten, und es sind auf der israelischen Seite Kinder, getarnt im Ramboanzug, die in den Kampf gehen. In jeder dieser kleinen Kinderhände liegt ein Puzzlestück der Zukunft.

Rafik Schami: Tagebuch. Auszüge aus dem im Palmyra-Verlag im Herbst 2002 erschienenen Buch *Mit fremden Augen - Tagebuch über den 11. September, den Palästinakonflikt und die arabische Welt*. Entnommen mit freundlicher Genehmigung des Autoren.

Reuven Kaminer

Friedenskräfte in Israel – ein Überblick

Schnellkochtopf – das ist eine häufig gebrauchte Metapher für die politische Atmosphäre in Israel. Die Politik ist leidenschaftlich, gefühlsbeladen und zunehmend von irrationalen Ängsten geprägt. Der Alltag ist durch tägliche Ausbrüche von Gewalt gekennzeichnet. Die Medien berichten darüber und versuchen mit ihrer Interpretation der Ereignisse die israelische Öffentlichkeit zu überzeugen: Entweder *die* oder *wir*, entweder *töten* oder *getötet werden*.

In dieser Situation ist besonders wichtig, dass es eine israelische Friedensbewegung gibt, die trotz aller Widrigkeiten weiterkämpft. Sie kann beschrieben werden als eine lebendige und engagierte Gemeinschaft, die es geschafft hat, mit ihren Protesten Hunderttausende Israelis während der Al-Aksa-Intifada zu mobilisieren. Sie setzt sich zusammen aus vielen unabhängigen Organisationen und Gruppen, die sich bei besonderen Ereignissen zusammenschließen.

Man kann davon ausgehen, dass ein Drittel der israelischen Juden die offizielle Version für falsch hält und der Meinung ist, die israelische Politik habe zumindest bedeutenden Anteil an der Spirale der Gewalt. Dieses Drittel ist zionistisch und sieht sich selbst als Teil des politischen *Mainstreams*. Ihre gemäßigte Position basiert darauf, die politischen Möglichkeiten realistisch zu betrachten und einzusehen, dass Siedlungen und Besatzung dazu führen, die Vision eines jüdischen Staates Israel zu beenden. Diese Überzeugung ist bei verschiedenen Parteien und Organisationen vertreten: beim linken Flügel der *Arbeitspartei*, der auch als *Tauben* bezeichnet wird, bei der von Yossi Sarid angeführten *Meretz-Partei* sowie insbesondere bei *Peace Now* (Frieden jetzt), der bis heute weitaus größten Protestbewegung.

Peace Now im Strudel des israelischen Katechismus

Das dramatische Fehlschlagen der Gespräche in Camp David im Juli 2000, der Ausbruch der Al-Aksa-Intifada im Oktober des gleichen Jahres und die darauf folgende Serie verstärkter Gewalt sind die Bühne für eine gewiefte und clevere Werbekampagne der israelischen Regierung und ihrer Verbündeten. Ihre *Deutung* der Ereignisse kann als israelischer Katechismus bezeichnet werden. Und der hört sich so an:

Arafat habe Baraks „großzügigstes Angebot“ abgelehnt, weil er sich geweigert habe, die weitgehenden palästinensischen Forderungen zu widerrufen, die mit einer vernünftigen Formel für eine Zweistaatenlösung unvereinbar sind. Nicht damit zufrieden, dem Frieden den Todesstoß gegeben zu haben, sei Arafat in die palästinensischen Gebiete zurückgekehrt, um die Al-Aksa-Intifada zu initiieren, zu organisieren und umzusetzen. Damit wolle er weitere Zugeständnisse von Israel erhalten, die ihm in Camp David nicht gewährt worden waren. Das beweise, dass Arafat eine *Strategie des Terrors* übernommen habe, die auf Selbstmordanschläge gegen israelische Zivilisten setzt.

Es gibt eine Menge überzeugender Literatur, die jeden Baustein dieses Katechismus widerlegt. Aber insbesondere Ehud Barak trat während und nach dem Ende seiner unglücklichen Amtszeit für diese Thesen ein. Dabei war er doch für die zionistischen *Tauben* und sogar für die radikalere Linke *unser Kandidat* gewesen, der gegen Netanyahu gewählt und als Vorreiter des Friedens angesehen worden war. Am Ende zeigte die Kampagne von Barak bei einer Reihe von bedeutenden Zielgruppen große Wirkung, so bei der israelischen Öffentlichkeit, die den *Tauben* nahe steht.

Baraks Niederlage bei der Wahl war überwältigend. Danach suchten auf der einen Seite die Mächtigen der *Arbeitspartei* unter Peres bei Sharon Zuflucht und bildeten mit ihm eine Regierung der nationalen Einheit. Sie waren im Gegensatz zu allen anderen davon überzeugt, dass sie in die Regierung eintraten, um Sharons aggressive Tendenzen einzudämmen und zu den rechten Kräften im Kabinett ein Gegengewicht zu bilden. Auf der anderen Seite sah die Führung von *Peace Now*, dass sie die Regierung Sharon/Peres nicht unterstützen konnte. So blieb die Bewegung aktiv, in Opposition zur Regierung Sharon, und wandte sich gegen den Bau weiterer Siedlungen.

Es gibt bei *Peace Now*, wie bei den meisten politischen Bewegungen, eine Linke, eine Rechte und eine Mitte. Obwohl sich alle in ihrer Opposition zur Regierung Sharon/Peres einig sind, gibt es eine interne Auseinandersetzung darum, ob Arafat ein möglicher Verhandlungspartner ist oder nicht. Darüber hinaus hofft die Rechte auf irgendeine Art der Rettung durch die *Arbeitspartei* und hat niemals die Verbindungen zu Ehud Barak abgebrochen, der seine Schmähreden gegen die palästinensische Führung ständig erneuert. Die Linke stand der Amtszeit von Barak als Ministerpräsident von Anfang an kritisch gegenüber und bestand darauf, dass *Peace Now* ein Bündnis mit realpolitischen Teilen der *Palästinensischen Autonomiebehörde* schmieden solle. Ihrer Ansicht nach war die Verhandlungsführung von Israel und insbesondere von Barak mit den Palästinensern der wichtigste Grund für das Scheitern des Friedensprozesses und des darauf folgenden Aufstiegs Sharons an die Macht.

Trotz dieser unterschiedlichen Auffassungen muss anerkannt werden, dass *Peace Now* immer einmütig die Besatzung abgelehnt und sie als Hauptursache für die Spannungen und Gewalt angesehen hat. Die Bewegung beobachtete beständig die Siedlungsaktivitäten und warnte davor, dass sich die Regierung hinter dem Krieg gegen den Terrorismus verstecke, um ihre eigene Besatzungspolitik zu fördern.

Peace Now erlebte durch das Fiasko von Barak einen schweren Rückschlag. Große Teile ihrer traditionellen Anhängerschaft wurden von der Regierungspropaganda beeinflusst. Die mit der Intifada verbundenen weitverbreiteten Selbstmordanschläge waren sicher ein weiterer Faktor, der viele aus der Bevölkerung Israels zur Rechten getrieben hat, in die wartenden Arme Sharons. Viele Friedensanhänger waren geschwächt durch Zweifel und Verdächtigungen. Schließlich waren viele gelähmt, die normalerweise bereit gewesen wären, gegen Sharon und seine Politik auf die Straße zu gehen.

Die Radikalen schließen sich zusammen

Der radikale Flügel der israelischen Friedensbewegung, der sich zum größten Teil außerhalb von *Peace Now* organisiert hat, kritisierte Barak von Anfang an. Er maß ihn an seinen annexionistischen und militaristischen Handlungen vor Ort und nicht an seinen Öffentlichkeitskampagnen, in denen Barak seine Fortschritte bei den Kontakten mit den Syrern und Palästinensern pries. Motiviert durch humanistische und internationalistische Grundsätze, akzeptierten die Radikalen niemals, dass die Ursachen für den Nahostkonflikt gleichrangig seien und beide Seiten die gleiche Verantwortung für die Krise trügen. Sie sind höchst sensibel gegenüber dem Leiden der palästinensischen Menschen. Sie sind der harte Kern der Friedensbewegung, weil sie verstehen, dass israelischer Militarismus und Expansionismus die Wurzel der Krise sind.

Viele Aktive des radikalen Flügels fordern die Gleichheit der Nationen, wie auch die Gleichheit der Bürger. Sie sind sich der kolonialen Vergangenheit der Region und der kolonialistischen Rolle Israels gegenüber den Palästinensern bewusst, wie auch der Verweigerung des palästinensischen Rechts auf nationale Selbstbestimmung. Sie stehen in der Tradition des Pazifismus, der Gewaltfreiheit und des Antimilitarismus.

Nicht weniger wichtig ist die Präsenz einer Frauenbewegung für und von Frauen, die sich für Geschwisterlichkeit und Feminismus engagiert und sich weigert, die palästinensischen Frauen als Feinde anzusehen. Diese Ideen bzw. eine Verschmelzung davon, charakterisieren den radikalen Protest in Israel.

Ein Ereignis schockierte die Radikalen besonders, elektrisierte sie und ließ sie handeln. Während der ersten Oktoberwoche des Jahres 2000 wurden dreizehn unbewaffnete israelisch-arabische Jugendliche von der Polizei erschossen, als sie für ihre Solidarität mit der palästinensischen Intifada demonstrierten. Es sah so aus, als ob Araber, auch wenn sie Bürger des Staates Israel sind und angeblich die gleichen Segnungen der bürgerlichen Gleichheit genießen, praktisch ungestraft niedergeschossen werden konnten, so wie ihre Brüder unter der Besatzung. Diese ungeheuerliche Tat überzeugte jeden israelischen Demokraten, dass nur prinzipielle Solidarität mit der israelisch-palästinensischen Bevölkerung verhindern könne, dass sich eine weitverbreitete Unterdrückung nach Israel hin ausweiten würde. Die Tötungen in Israel stellten die in den besetzten Gebieten wütenden Geschehnisse in einen klaren Zusammenhang: Andauernde Besatzung bedeutet Unterdrückung und Gewalt beiderseits der *Grünen Linie*[1].

Die Linke in der Friedensbewegung widersetzt sich

Die drei auffälligsten Strömungen der radikalen Linken sind die *Coalition of Women for a Just Peace* (CWJP – Bewegung der Frauen für einen gerechten Frieden), die verschiedenen Gruppen, die sich der Ableistung des Militärdienstes in den *Israelischen Verteidigungsstreitkräften* verweigern, und die neue Organisation *Ta'ayush* (Partnerschaft), die nach der Ermordung der israelischen Palästinenser gegründet wurde.

Ich will diese drei Gruppen ausführlicher darstellen, weil sie Tendenzen und Entwicklungen repräsentieren und damit einige der Stärken der gesamten Bewegung aufzeigen. Darüber hinaus gibt es viele weitere Organisationen, die eine wichtige Arbeit leisten.

Frauen vereinigen ihre Kräfte

Die verschiedenen Frauenfriedensgruppen haben niemals wirklich an die Aufrichtigkeit des ehemaligen Generalstabschefs, Ehud Barak, geglaubt. Unter ihnen sind Gruppen wie *Women in Black* (Frauen in Schwarz), *Bat-Shalom* (Feministisches Zentrum für Frieden und Gerechtigkeit), *TANDI* (Bewegung der demokratischen Frauen) oder *New Profile* (Neues Profil). Sie waren auch nicht bereit, die von Barak genannten Gründe für die Krise des Friedensprozesses und für den Ausbruch der Intifada zu akzeptieren. Zudem verließen sich die jüdischen Frauen nicht auf die Berichterstattung der israelischen Medien. Sie bezogen ihre Informationen von verschiedenen israelisch-palästinensischen Frauen. Diese berichteten verlässlicher über das Oktoberblutbad in den arabischen Städten und analysierten tiefergehend die Dynamik der Besatzung.

Nach dem Herbst 2000 nahmen immer mehr Frauen an den immer häufiger werdenden Mahnwachen von *Women in Black* teil. Ihre lange Erfahrung bei Protestaktionen gegen die Besatzung machte sie immun gegen die Behauptung der Regierung, die neue Runde der Gewalt rühre her von einer Art neuer palästinensischer terroristischer Konspiration. Aufgrund ähnlicher Reaktionen anderer Frauengruppen wurde die Gründung einer Koalition von *Women in Black*, *Bat-Shalom*, *TANDI* und anderen Organisationen angeregt. Die erste Initiative der *Coalition of Women for a Just Peace* (CWJP) war bezeichnenderweise eine jüdisch-arabische Demonstration in der großen arabischen Stadt Um-El Fahem im November 2000. Bei weiteren von der *Coalition* organisierten Demonstrationen konnten sie immer mehr Menschen mobilisieren. Der Höhepunkt war eine Demonstration, an der über 2.000 Frauen und Männer teilnahmen – zugleich auch ein Zeugnis für die wachsenden internationalen Verbindungen der CWJP. Es gab ein starkes Kontingent von Frauen aus Italien und anderen europäischen Ländern, angeführt von Luisa Morgentini, einer italienischen linken Europaabgeordneten. Die Koalition hielt die Kontakte aufrecht und erhielt weltweit Solidaritätsbekundungen durch nahezu 130 Frauengruppen.

Zusammenleben und einander verstehen

Ta'ayush (Partnerschaft) wurde in der Frühphase der zweiten Intifada ins Leben gerufen, um durch gewaltfreie Aktionen *von unten* die Entfremdung zwischen beiden Völkern zu überwinden. Die Organisation konnte sich über diese Kluft hinwegsetzen und stellte eine schwindelerregende Folge von Aktivitäten auf die Beine. Sie organisierte mindestens zwei Massenaktionen pro Monat, die Hunderte von Basisbewegten zusammenführte, jüdische und arabische Israelis.

Typisch für die Aktionen der letzten 18 Monate war die Organisation eines Konvois von LKWs und Privatfahrzeugen. Sie brachten lebenswichtige Nahrungsmittel und Medikamente in palästinensische Dörfer, die in den besetzten Gebieten unter Belagerung standen. *Ta'ayush* stellte innerhalb einer relativ kurzen Zeit mehr als zehn dieser Konvois zusammen. Die israelische Armee versuchte die Lieferungen zu blockieren, nahm davon aber wieder Abstand, als das in der Öffentlichkeit negativ bewertet wurde. Darüber hinaus übernahm *Ta'ayush* die führende Rolle in einer breitgefächerten Koalition von Friedens- und Menschenrechtsorganisationen, um gegen die Vertreibung palästinensischer Anwohner im Südhebrongebiet zu kämpfen, von denen viele halbnomadische Höhlenbewohner sind.

Dieser erstaunliche Grad von Solidarität mit den palästinensischen Leiden rührt her von einer bewussten Hartnäckigkeit der Aktivisten von *Ta'ayush*, den Israelis verständlich zu machen, was es heißt, Palästinenser zu sein – und gemeinsam mit ihnen gegen die Verbrechen der Besatzung und Diskriminierung zu handeln. So entschlossen sie sich auch zu einer Aktion, als klar wurde, dass Sharon die Vertreibung des Vorsitzenden der palästinensischen Behörde, Arafat, vorbereitete, obwohl Arafat bei den meisten jüdischen Mitgliedern von *Ta'ayush* wenig Sympathien genießt. Sie organisierten eine Delegation von 400 Israelis, um ihre Solidarität mit ihm auszudrücken. Zusätzlich rief *Ta'ayush* eine Massendelegation zusammen, um gegen die Bedingungen im Anser-Gefängnis zu protestieren.

Die Mitglieder von *Ta'ayush* zeigten sich sehr zögerlich, als es darum ging, ihr Credo in einem offiziellen Dokument zu formulieren. Viele Aktivisten erinnerten sich an traumatische Erfahrungen und Spaltungstendenzen bei programmatischen Debatten. Möglicherweise braucht die Organisation keine formelle Visitenkarte, da ihre Aktivitäten eindeutig auf einem zentralen Grundsatz beruhen: jüdisch-arabische Solidarität. Wie dem auch sei, *Ta'ayush* widerlegt mit symbolischen Aktionen überzeugend die Welle des antiarabischen Rassismus und Chauvinismus, der sich ins Innerste der israelischen Gesellschaft gefressen hat.

Just Say NO – einfach NEIN sagen

Yesh Gvul (Es gibt eine Grenze) ist eine Organisation von selektiv verweigernden Reservisten, die 1982 während des Libanonkrieges gegründet wurde. In all den Jahren ermutigte und beriet sie Reservisten

Soldaten und Reservisten

Offener Brief

Wir, Kampf-Offiziere der Reserve und Soldaten der Israelischen Verteidigungsarmee, die nach den Prinzipien des Zionismus erzogen wurden, dem Volke Israels alles zu geben und uns für dieses Volk aufzuopfern, die wir immer an der Front gedient haben, um den Staat Israel zu schützen und zu stärken;

wir, die Offiziere und Soldaten der Kampfeinheiten, die wir dem Staat Israel jährlich für lange Wochen gedient haben, auch auf teure Kosten unseres Lebens, befinden uns im Reservedienst in den besetzten Gebieten. Uns wurden Befehle und Weisungen erteilt, die mit der Sicherheit unseres Landes nichts zu tun hatten und die den alleinigen Zweck besaßen, die Machtausübung gegenüber dem palästinensischen Volk fortzusetzen;

wir, deren Augen den blutigen Tribut gesehen haben, der beiden Seiten abverlangt wird;

wir, die wir spüren, wie die uns in den Gebieten gegebenen Befehle alle Werte zerstören, die wir für uns in Anspruch genommen hatten, als wir in diesem Land aufwuchsen;

wir, die jetzt verstehen, dass der Preis der Besatzung im Verlust der Menschlichkeit in den israelischen Streitkräften und der Korruption der gesamten israelischen Gesellschaft liegt;

wir, die wissen, dass die Gebiete nicht Israel sind, und alle Siedlungen letztendlich geräumt werden müssen, erklären hiermit, dass wir diesen Kampf der Siedlungen nicht weiter führen werden.

Wir werden nicht weiter jenseits der Grenzen von 1967 kämpfen, um ein ganzes Volk zu beherrschen, zu vertreiben, zu entwürdigen oder es hungern zu lassen.

Hiermit erklären wir, dass wir weiterhin der Israelischen Verteidigungsarmee für jeden Einsatz zur Verfügung stehen, der der Verteidigung Israels dient.

Die Aufträge der Besatzung und Unterdrückung dienen nicht diesem Zweck – und wir werden uns nicht daran beteiligen.

Offener Brief von Reservisten und Soldaten vom 25.01.2002 (*Courage to Refuse – Mut zum Verweigern*). Übersetzung aus dem Englischen: Thomas Stiefel der *Israelischen Verteidigungsarmee* (IDF), die einen militärischen Einsatz in den besetzten Gebieten verweigerten. Mit dem Ausbruch der Al-Aksa-Intifada begann *Yesh Gvul*, die Reservisten davor zu warnen, dass sie aufgefordert werden könnten, offensichtlich gesetzeswidrige Befehle auszuführen oder sogar an Kriegsverbrechen teilzunehmen.

Im Gegensatz zur Tradition der Verweigerung des Reservedienstes war der Widerstand von Wehrpflichtigen gegen den dreijährigen Militärdienst gewöhnlich keine große Sache. Es gab immer ein paar mutige Einzelpersonen, die wegen ihrer Ablehnung der Grundausbildung für ein paar Monate ins Gefängnis gingen. Das änderte sich in einer dramatischen Entwicklung im September 2001. 62 Schülerinnen und Schüler, die kurz vor ihrem Abitur standen, wandten sich mit einem offenen Brief an Sharon und protestierten „gegen die aggressive und rassistische Politik der israelischen Regierung und ihrer Armee. Wir haben nicht die Absicht, an einer solchen Politik teilzunehmen.“ Die Unterzeichnenden zögerten nicht, „andere in unserem Alter dazu aufzurufen, wie auch Wehrpflichtige, Berufssoldaten und -soldatinnen sowie Reservisten, unserem Beispiel zu folgen.“ In ihrem Radikalismus, der in der israelischen Wirklichkeit wurzelt, stehen sie dem Widerstand der jungen Menschen in Seattle und Genua nahe.

Der offene Brief war ein wichtiges neues Element in der Verweigererszene. Aber niemand, auch nicht das politische Establishment, war auf einen weiteren Brief vorbereitet, der am 25. Januar 2002 in der Presse veröffentlicht wurde. Darin betonten die 52 Unterzeichnenden die Tatsache, dass sie Offiziere und Soldaten in Reservekampfeinheiten seien. Sie erklärten, dass sie in den besetzten Gebieten keinen Dienst mehr ableisten würden.

Die Unterzeichnenden hatten genau darauf geachtet, die Grundüberzeugungen zu betonen, die sie mit dem *Mainstream*, dem israelischen Konsens, verbindet. Doch – wie bei einem Schritt über die Klippe – überschritten sie mit ihrer Verweigerung die Markierungslinie und landeten damit beim radikalen Flügel der israelischen Friedensbewegung. Der Text ist natürlich wichtig, aber wichtiger noch ist die Tat. Bis zu diesem Zeitpunkt wurde die Verweigerung des Kriegsdienstes nur von der Linken unterstützt und gefördert. Die zionistische Linke und die Führung von *Meretz* und *Peace Now* hatten immer zum Ausdruck gebracht, dass sie die Idee der *seruv* (Verweigerung) verabscheuen. Die Stärke der Gefühle unter den Reservisten traf tief. Drei Monate nach der Veröffentlichung zählte die Gruppe vierhundert Mitglieder – das alles trotz Kriegshysterie und Versuchen, die Hoffnung auf Frieden in antiterroristischer Rhetorik zu ertränken.

Peace Now – der lange, langsame Weg zur Besserung

Viele Unterstützer von *Peace Now* wählten Barak. Schlimmer noch, sie waren bereit, seine Version der Ereignisse zu akzeptieren. Hätten die Anhänger nicht die Gefahr einer Regierung Sharon erkannt, wäre *Peace Now* womöglich in einen Zustand dauerhafter Lähmung versetzt worden. In der Tat wandte sich *Peace Now* im Wesentlichen der erfolgreichen Aufdeckung neuer Siedlungsgründungen zu, die vermutlich nach dem Koalitionsvertrag der *Regierung der nationalen Einheit* verboten sind.

Wie dem auch sei, die radikale Linke führte ihre Kräfte zusammen. Die Frauenkoalition CWJP, die Verweigerer, *Ta'ayush* und andere jüdische und arabische Gruppen schlossen sich zusammen und organisierten im Februar 2002 in Tel Aviv eine Demonstration mit weit über zehntausend Teilnehmenden. Die Linke war sich über die wichtigste Aussage einig: die *Formel für Frieden*[2]. Es waren jetzt Sharon und seine Regierung, die den Weg zum Frieden blockierten.

Wie schon während des Libanonkrieges benutzte *Peace Now* die Aktivitäten der Linken als Test. Zwei Wochen nach der ersten Demonstration war die Organisation mit noch mehr Menschen auf der Straße. Klar war eine zentrale Aussage von *Peace Now*: Die Besatzung ist das größte Hindernis auf dem Weg zum Frieden. Aber die Organisation hatte ein Problem. Sie konnte zwar zum Ausdruck bringen, dass die israelische Regierung den Frieden blockierte, unklar war aber, wie sie sich zu dem Argument der Regierung stellt, dass Israel keinen Partner habe. Das war von Barak aufgebracht und von Sharon aufgegriffen worden. Als Kompromiss beschränkte sich *Peace Now* auf die Frage der Besatzung und seiner Übel. In der Tat führte die darauf ausgerichtete Kampagne zu einem zahlenmäßigen Durchbruch: Mehr als 50.000 Israelis demonstrierten am 11. Mai 2002 auf dem Rabinplatz.

Der Erfolg der Demonstration von *Peace Now* war ein Zeichen dafür, dass sich die Bewegung von der bitteren Erbschaft Ehud Baraks gelöst hatte. Endlich wurde den AnhängerInnen die Notwendigkeit bewusst, gegen die Aktionen der israelischen Armee und die Dynamik der Siedlungspolitik in den besetzten Gebieten zu demonstrieren.

Die Linke in der Protestbewegung hatte aufgezeigt, dass es eine weit verbreitete Haltung gegen Sharon gab. Die Weigerung seiner Regierung, über irgendeine politische Lösung zu sprechen, frustrierte umso mehr, nachdem die saudische Initiative veröffentlicht und in der arabischen Welt positiv aufgenommen worden war. *Peace Now* hatte mit seiner Parole Erfolg: „Raus aus den Gebieten". Sie war Ausdruck für Furcht und Abscheu der israelischen Öffentlichkeit über das Ausmaß der Unterdrückung.

Die Führung von *Peace Now* neigte jedoch weiterhin dazu, das Argument der Regierung zu akzeptieren, demzufolge der palästinensische Terror zunehmend für die Verschlechterung der Lage verantwortlich war. *Peace Now* war sich bewusst über die Notwendigkeit einer politischen Lösung, aber nicht darüber, ob es diese Möglichkeit wirklich gab. So hatte der rechte Flügel in der Führung der Organisation, wie Teile der *Arbeitspartei*, deutliche Tendenzen, einseitige israelische Aktionen zu unterstützen, statt zu Verhandlungen mit den palästinensischen Behörden und Arafat zurückzukehren.

Illusionen zerstört

Die gesamte Friedensbewegung in Israel hatte gehofft, die internationale Gemeinschaft würde erkennen, dass die regionale Stabilität infolge der fehlenden politischen Lösung bedroht ist. Sie setzte darauf, dass die USA internationale Anstrengungen für einen Frieden koordinieren würden. Es ist seltsam, sich dieser kühnen Hoffnung zu erinnern, nur wenige Tage nach der berüchtigten Rede von Bush im Juni 2002, die gegen das palästinensische Volk gerichtet war.

Wir mussten erfahren: Die USA unter Bush sind daran interessiert, jede internationale Angelegenheit als eine Frage des Terrorismus entsprechend ihrem Verständnis zu definieren. Sie führen den *Krieg gegen den Terrorismus* nach ihrer eigenen Logik und mit ihren eigenen Zielen. Da hat es den palästinensischen Behörden auch nichts genutzt, sich auf die Seite der USA zu stellen. Es rettete sie nicht vor der Forderung, ihre nationalen Bestrebungen den Bedürfnissen Israels unterzuordnen – einem Staat, der als Nummer eins in der Region für den *Kampf gegen den Terrorismus* als Verbündeter bereitsteht und ein potenzieller Partner bei zukünftigen US-amerikanischen Abenteuern in der Region ist. In diesem Sinne ist das palästinensische Problem *universal* geworden. Die Besatzung der Gebiete, die als Basis für die Selbstbestimmung des palästinensischen Volkes vorgesehen sind, passt George W. Bush ins Konzept. Der Status wird von den USA als Unterpfand für die totale Kapitulation aufrechterhalten. Wie gut, dass George W. Bush uns daran erinnert hat, dass wir „entweder für oder gegen ihn" sind. Da fällt die Wahl leicht.

Falls es beim palästinensischen Volk und der israelischen Friedensbewegung an diesem Punkt noch irgendwelche Illusionen geben sollte, ist zu sagen: Beide müssen in einem langen und schwierigen Weg wieder ganz von vorn anfangen. Der Kampf wird nicht leicht sein, aber die Friedensbewegung hat bewiesen, dass sie in Notzeiten blühen kann. Sie benötigt dafür alle ihre moralischen, politischen und geistigen Kräfte.

1 Als *Grüne Linie* wird die Grenze vom Kernland Israel zu den besetzten Gebieten bezeichnet.

2 Anmerkung des Herausgebers: Diese Formel lässt sich folgendermaßen zusammenfassen: „Es gibt einen politischen Weg aus diesem blutigen Kreislauf, eine Antwort auf die arabische Friedensinitiative: Voller Frieden gegen volles Territorium! Schaffung eines unabhängigen palästinensischen Staates entsprechend der Grenzen von 1967! Abbau der Siedlungen! Eine gerechte Lösung des Flüchtlingsproblems im gegenseitigen Einverständnis!" (Quelle: Flugblatt für eine von den radikalen Linken organisierte Demonstration, die Ende Juni in Tel Aviv stattfand.)

Übersetzung: Hubert Gieschen

Endy Hagen

Militär und Kriegsdienstverweigerung in Israel

Am 26. Mai 1948, nur zwölf Tage, nachdem die provisorische israelische Regierung den Staat Israel ausgerufen hatte, gründete sie die *Israelische Verteidigungsarmee*. Die bis dahin getrennt voneinander und miteinander konkurrierenden Untergrundorganisationen[1] wurden in sie überführt.

Zu diesem Zeitpunkt tobte schon seit sechs Monaten in der Region ein Krieg. Für die arabische Bevölkerung stellte er die *Nakba*, die Katastrophe, dar; in die Geschichte der jüdischen Bevölkerung sollte er als *Unabhängigkeitskrieg* eingehen. Das Selbstverständnis der *Israelischen Verteidigungsarmee* ist bis heute von dieser „Geburt im Kampf" geprägt.

Die Lage des neugegründeten Staates hatte sich auch nach Ende des Krieges von 1948 nicht verändert. Seine jüdische Bevölkerung sah sich weiterhin von Staaten umringt, die die Existenz Israels nicht akzeptierten. Im Falle des Eindringens fremder Armeen würde es aufgrund des sehr kleinen Staatsgebiets keine Rückzugsmöglichkeit geben. Sollten die Feinde in künftigen militärischen Auseinandersetzungen die Oberhand gewinnen, wären ihnen auch Israels jüdische Bewohner und Bewohnerinnen vollkommen ausgeliefert. Flucht oder Rückzug aus dem isolierten Land in einen der umliegenden Staaten würde nicht möglich sein. Die Aufgabe der israelischen Armee wäre es also, jede Invasion sofort zu verhindern und den Kampf auf dem Territorium des Feindes zu führen.

Der damals noch relativ geringen Bevölkerungszahl von etwa 1,5 Millionen Menschen trug die Struktur der *Israelischen Verteidigungsarmee* Rechnung: Es wurde ein kleines stehendes Heer geschaffen, welches ausschließlich aus Offizieren und Unteroffizieren besteht. Bis heute stellen diese gemeinsam mit den Wehrpflichtigen den Kern der Armee. Im Kriegsfall werden zusätzlich Reservisten mobilisiert und eingesetzt. Schätzungen gehen davon aus, dass die Gesamtstärke der israelischen Armee heute, bei einer Bevölkerung von etwa 6,2 Millionen Menschen, binnen 24 Stunden auf 645.000 Soldaten erhöht werden könnte, darunter etwa 500.000 Reservisten.

Von Beginn an gab es eine allgemeine Wehrpflicht für die jüdischen Bürger Israels. Heute werden alle jüdischen Männer und unverheirateten jüdischen Frauen mit 18 Jahren einberufen. Religiöse Schüler der orthodoxen jüdischen Bildungsanstalten *Yeshivot* sind von der Wehrpflicht generell befreit. Religiöse Jüdinnen müssen eine Befreiung schriftlich gegenüber einem Richter beantragen. Als Begründung genügt, dass ihr Glaube sie an der Teilnahme am Wehrdienst hindert, sie die jüdischen Speisegesetze befolgen und am Sabbat nicht Auto fahren. Eine Überprüfung ihrer Angaben erfolgt nicht. Von der Wehrpflicht ausgenommen sind drusische[2] Frauen und palästinensische Bürger und Bürgerinnen Israels. Letztere machen etwa 20% der Gesamtbevölkerung Israels aus. Drusische Männer sind wehrpflichtig – übrigens auf Wunsch der drusischen Bevölkerung selbst. Arabische Beduinen und Christen können sich freiwillig zum Wehrdienst melden. Dies wird dann von allen Beteiligten als Ausdruck ihrer besonderen Verbundenheit mit dem israelischen Staat verstanden.

Die Dauer des Wehrdienstes beträgt für Männer drei Jahre, für Frauen zwanzig Monate. Wer sich für eine Offiziers- oder Spezialausbildung entscheidet, muss sich für ein weiteres Jahr verpflichten. Nach Ablauf des regulären Wehrdienstes leisten Männer bis zu ihrem 50. Lebensjahr mindestens einmal jährlich für ca. 30 Tage einen Reservedienst ab. Während der ersten Intifada waren durchaus auch längere Dienstzeiten von 60 Tagen für Reservisten üblich.

Unverheiratete Frauen werden bis zu ihrem 24., in manchen Einsatzbereichen auch bis zu ihrem 34. Lebensjahr zum Reservedienst herangezogen. Sie werden in erster Linie als Ausbilderinnen im umfangreichen Bildungs- und Erziehungsprogramm der Armee, aber auch bei der Krankenpflege, Kommunikation und Verwaltung sowie dem Geheimdienst eingesetzt.

Das Militär unterhält heute eine ganze Reihe von Schulen, Erziehungszentren und *Fieldschools*, in denen Kenntnisse über Land und Natur vermittelt werden. Sein weit gefächertes Bildungsprogramm wird durch speziell ausgebildete Erziehungsoffiziere – meist Frauen – vermittelt. Es betreibt einen eigenen Radiosender, gibt Zeitschriften und eine Wochenzeitung heraus. Mit der Durchführung von Hebräischkursen sowie beruflicher Aus- und Fortbildung ist die Armee zu einem wichtigen Faktor bei der Integration von Neueinwanderern geworden.

Die Armee hat sich auch zu einem der wichtigsten sozialen Milieus Israels entwickelt. Die meisten männlichen Mitglieder einer jüdischen Familie standen oder stehen im Wehr- bzw. Reservedienst. Auch wenn sie eine sehr unterschiedliche Vergangenheit haben, verbindet sie die gemeinsame Erfahrung des Dienstes in der Armee. Nach der gemeinsamen Militärzeit leisten die Männer über Jahrzehnte hinweg ein- bis zweimal jährlich Reservedienst. In der Regel bleiben sie dabei in der gleichen Einheit, so dass sie dort auch immer wieder zusammentreffen. Die sich daraus entwickelnden Freundschaften und die Verbundenheit halten oft ein Leben lang; das während des Dienstes geförderte und geforderte Kollektivbewusstsein und Solidaritätsgefühl gegenüber der eigenen Gruppe wird in der israelischen Gesellschaft sehr hoch bewertet.

Das Erscheinungsbild und die Bedeutung der Armee in der israelischen Gesellschaft hat sich seit ihrer Gründung verändert, auch wenn das Militär immer noch weitaus präsenter ist als beispielsweise in europäischen Staaten. Die israelische Gesellschaft hat in den 80er Jahren im Zuge der Globalisierung einen ökonomischen Wandel und eine Entwicklung hin zur westlichen Konsumgesellschaft erlebt. Das spartanische Ethos der frühen Jahre ist in Israel nicht mehr vorherrschend, die israelische Gesellschaft ist auf dem Weg zu einer westlichen Konsumgesellschaft vorangeschritten, was auch zu einiger Gleichgültigkeit gegenüber dem Militärdienst geführt hat. Im Oktober 1996 beklagte der Generalstabschef Amnon Shahak diese Entwicklung: „Wie weit haben wir uns von jenen Tagen entfernt, als eine Uniform der israelischen Armee eine Quelle des Stolzes war! Heutzutage gilt als der ideale Israeli der Börsenmakler, der seinen Urlaub in der Schweiz verbringt. Offiziere, die ihr Leben dem Dienst widmen, müssen sich wie Trottel vorkommen."[3]

Zwar gilt immer noch, dass die meisten israelischen Politiker und Wirtschaftsführer zuvor hohe Offiziere der Armee waren, doch der seinerzeit mit der militärischen Karriere geradezu zwangsläufig einhergehende Erfolg im Zivilleben ist heute nicht mehr garantiert. Die *aschkenasische* Elite, die einmal aus Mittel- und Osteuropa eingewandert war, hat dies begriffen und sattelt um. So ist die Motivation zum Wehrdienst zwar immer noch sehr hoch, jedoch eher bei den unteren Schichten, den Neueinwanderern aus Russland, dem Jemen und den *Mizrahim*, Einwanderern aus den arabischen Staaten und ihren Nachkommen. Sie drängen in die frei werdenden Positionen und hoffen, auf diesem Wege den sozialen Aufstieg zu schaffen.

Ein weiterer Aspekt ist die Entwicklung der Waffentechnik. Wie jede moderne Armee setzt auch die israelische nicht mehr auf eine große Zahl von Soldaten, sondern auf hochentwickelte Technik. Die militärischen Konzepte der 50er und 60er Jahre verließen sich auf starke Bodentruppen und Panzerdivisionen. Dies war auch ausreichend, so lange die israelische Luftwaffe keine Herausforderungen zu fürchten hatte und daher den Schaden für die Zivilbevölkerung begrenzen konnte. Doch spätestens als im 2. Golfkrieg irakische Scud-Raketen auf Israel fielen und der Einsatz chemischer Kampfstoffe drohte, war klar, dass die Armee dringend umstrukturiert werden musste. Zeev Schiff, ein bekannter israelischer Militärexperte, schrieb in einer Sonderbeilage der israelischen Tageszeitung *Ha'aretz* am 20. September 1998, es könne sich als fataler Fehler erweisen, das Militärbudget wie in der Vergangenheit gleichmäßig auf alle Bereiche der Armee zu verteilen. In Anbetracht der steigenden Kosten für Ausbildung und Ausrüstung – und entmutigender künftiger Kriegsszenarien – müsse das Militär ein oder zwei Bereiche auf Kosten der anderen stärken. Die Luftwaffe, schrieb Schiff, habe den größten Anspruch. Die höchste Gefahr gehe – in Gestalt von *Missiles* – vom „äußeren Ring" der Feinde Israels, insbesondere dem Irak und dem Iran, aus. Weder die Panzereinheiten noch die Marine würden gegen diese Art der Bedrohung etwas ausrichten können."[4]

Zudem erwartete die israelische Regierung, sich mit dem Oslo-Prozess von den personalintensiven Auseinandersetzungen mit der palästinensischen Bevölkerung befreien zu können, die sich ja gerade nicht mit einer hoch technologisierten Armee lösen lassen. Insofern wurde die israelische Gesellschaft vom Ausbruch der Al-Aksa-Intifada zu einem Zeitpunkt überrascht, an dem sie eigentlich begonnen hatte, sich von dem Gedanken einer Armee des ganzen Volkes zu lösen und eine stärkere zivile Orientierung zu suchen. Deutlich wird dies auch an der sinkenden Zahl der Wehrwilligen.

Die feministische, antimilitaristische Gruppe *New Profile* und die Herausgeber der Zeitschrift *Challenge* schätzen, dass heute ca. 25% aller Wehrpflichtigen aus gesundheitlichen oder religiösen Gründen vom Wehrdienst befreit werden. Nicht einmal 40% der Eingezogenen beende das erste der drei Jahre in der Armee, und von den Reservisten erscheine gar nur noch ein Drittel überhaupt zum Dienst. Viele zögen es vor, ihre Entscheidung nicht bzw. nicht politisch zu begründen, sondern führten körperliche oder seelische Gründe ins Feld, um ihren Dienst nicht antreten zu müssen – ein Weg, der von der Armee durchaus befürwortet wird, weil diese Art der Verweigerung weder öffentlich wird noch ihr irgendeine Mühe macht. Von den Frauen geht heute weniger als die Hälfte überhaupt noch zum Militär.

Diskutiert wird auch die Schaffung einer Berufsarmee, die erheblich billiger wäre und mit deutlich weniger, aber hochqualifizierten Soldaten auskäme. Es gibt auch Überlegungen und Gesetzesentwürfe, für Frauen und für die bislang von der Wehrpflicht ausgenommenen Gruppen einen Ersatzdienst, *national service*, einzurichten. Durch ein solches Pflichtjahr stünden sie alle dem Staat in den verschiedensten Bereichen zum Einsatz zur Verfügung. Weitere Veränderungen scheinen unter dem Druck der zahlreichen Verweigerungen während der Al-Aksa-Intifada in Gang zu kommen. So hat der Oberste Gerichtshof Israels den Staat im Februar 2002 angewiesen, einen realistischen Kompromiss zu finden, der einen pazifistischen Verweigerer vom Militärdienst befreien und ihm die Möglichkeit geben soll, seine Arbeit mit Kindern fortzusetzen. Damit haben die Richter klargestellt, dass der Staat eine Alternative zum Wehrdienst finden muss.

Trotzdem ist die Toleranz gegenüber *Drückebergern* nach wie vor begrenzt und viele Verweigerer sehen sich aufgrund ihrer Entscheidung mit Ausgrenzung und Ächtung konfrontiert.[5] Nach wie vor gibt es einen Zusammenhang zwischen gesellschaftlichem Aufstieg und der Ableistung des Militärdienstes; was auch bedeutet, dass all jene Bevölkerungsgruppen, die vom Militärdienst ausgenommen sind, wie z.B. die palästinensischen Bürger und Bürgerinnen Israels, geringere Aufstiegschancen und damit Einflussmöglichkeiten auf das politische Geschehen haben. Bezeichnend ist in diesem Zusammenhang auch eine Gesetzesänderung vom Mai 2002, der zufolge Familien, deren Väter keinen Wehrdienst geleistet haben, Einschnitte bei den staatlichen Leistungen, wie z.B. dem Kindergeld, erleiden sollen.

Kein Raum für Pazifismus

Geblieben ist auch die ideologische Bedeutung des Militärs. Man sieht in seiner Existenz eine Umkehrung der jüdischen Geschichte: Nach 2000 Jahren der Verfolgung und dem Versuch der vollständigen Vernichtung durch die Nationalsozialisten sahen und sehen Juden und Jüdinnen in Israel und seiner Armee erstmals die Möglichkeit, nicht mehr Opfer zu sein. Die Feindseligkeit der umliegenden Staaten und ihre in der Vergangenheit gelegentlich geäußerte Drohung, Israel zu vernichten, haben das Sicherheitsbedürfnis und den Willen verstärkt, notfalls auch allein gegen die ganze Welt zu kämpfen. Herausgebildet hat sich eine Art *Festungsmentalität*: Die Zwangsläufigkeit eines Überlebenskampfes des israelischen Staates und seiner jüdischen Bevölkerung wird quasi vorausgesetzt. Unter radikalen Rechten in Israel hat dies zu einer Einstellung geführt, aufgrund derer man eher bereit ist, die vollständige Vernichtung hinzunehmen, als einen lebensfähigen Kompromiss mit den Palästinensern zu suchen.

„Als Kinder hören wir ständig Geschichten über tapfere israelische Männer, die ‚ihr Leben für dieses Land gegeben haben' und jedes Jahr gedenken wir der Kriege, in denen diese jungen Leute gekämpft haben, ihres Heldentums und ihrer Opfer", schrieb der israelische Kriegsdienstverweigerer Lotahn Raz im Juni 2002 in der in London erscheinenden *Peace News*. „Dem Großmut dieser Menschen kann man in vieler Hinsicht gedenken. Aber für ein Kind ist es erschreckend und verwirrend, um Leute trauern zu müssen, die es nicht kennt und die ihr Leben für etwas gegeben haben, was es nicht versteht. Wir sollen diesen Kriegsgeschichten nacheifern, sie als Beispiel nehmen, wie wir unser Leben zu opfern haben. (...) Unser Volk hat eine Geschichte der Verfolgung durchlebt und ist zum Opfer geworden. Viele Geschichten und Gefühle aus der Vergangenheit werden an uns weitergegeben, die unsere Angst und Unsicherheit aufrechterhalten, dass uns am Ende doch nie jemand beistehen wird."

Tatsächlich wird in Israels Kindergärten und Schulen großer Wert gelegt auf die Vermittlung der jüdischen Verfolgungsgeschichte, aber auch der erfolgreichen Kämpfe. Erfolge und Niederlagen werden nachempfunden in Liedern, Geschichten und Spielen. Immer wieder wird deutlich gemacht, dass nur eine starke, durchsetzungsfähige israelische Armee das Überleben des jüdischen Volks und Israels Sicherheit gewährleisten könne. Die zahlreichen Gedenktage, die innerhalb der Kindergärten und Schulen, aber auch in großen öffentlichen und in der Regel militärisch ausgerichteten Feiern begangen werden und an denen die Schüler aktiv mitwirken sollen, fördern neben dem Bewusstsein für die eigene Geschichte ein starkes Nationalgefühl. Wie jedes Nationalgefühl bezieht auch dieses seine Kraft aus der Abgrenzung von *dem* oder *den Anderen* und der Betonung der eigenen Eigentümlichkeit und Besonderheit. Vor dem Hintergrund der jüdischen Geschichte ist das Gefühl dieser *eigenen Besonderheit* aber auch geprägt durch die Erfahrung und Erinnerung an jahrhundertelange Verfolgung, Diskriminierung und das Trauma des Holocausts. Auch die jungen Juden und Jüdinnen in Israel, die in ihrem Land nie die Erfahrung von Verfolgung oder Diskriminierung aufgrund ihrer jüdischen Herkunft gemacht haben, tragen die Last dieser Geschichte. Das macht auch sie empfänglich für die Vorstellung, dass nur Macht und eine starke Armee ihr Überleben sichern können.

Auf diesem Hintergrund ist auch zu verstehen, dass es in Israel bislang keine pazifistische Bewegung gegeben hat, wie sie aus Europa oder den Vereinigten Staaten bekannt ist; ebenso wenig gab es Proteste gegen Rüstungsexporte und –industrie oder Atomwaffen.

Nach dem überwältigenden Sieg im Sechs-Tage-Krieg von 1967 war die Euphorie in Israel und die Begeisterung für seine Armee und ihre Taten besonders groß gewesen. Nicht nur hatte Israel innerhalb kürzester Zeit eine gewaltig erscheinende Übermacht besiegt, auch die Moral seiner Streitkräfte schien außer Zweifel zu stehen.[6] Zwar äußerten in den folgenden Jahren zionistische und antizionistische Kreise Kritik an der Fortführung der Besatzung, praktischen Ausdruck fand dies jedoch zu diesem Zeitpunkt kaum. Bis 1970 wurden nur etwas mehr als 100 Verweigerer gezählt. Allerdings soll sich eine beachtliche Zahl von Verweigerern schlicht mit ihren Vorgesetzten geeinigt haben, so dass sie nicht in den besetzten Gebieten zum Einsatz kamen.

Erst mit dem Jom-Kippur-Krieg von 1973 kam der Mythos von der unbesiegbaren israelischen Armee ins Wanken und in den folgenden Jahren machte sich eine diffuse Unzufriedenheit breit. Als der damalige Ministerpräsident Menachem Begin auch noch Unwillen gegenüber einem Friedensabkommen mit Ägypten und der Rückgabe des Sinai zeigte, unterschrieben 350 Offiziere einen Brief, in dem sie ihn aufforderten, diese Haltung aufzugeben. Insgesamt 10.000 Unterschriften wurden gesammelt. Am Vorabend der Abreise Begins nach Ägypten demonstrierten in Tel Aviv 100.000 Israelis für einen Friedensschluss. Der *Brief der Offiziere* wird als der Ausgangspunkt der großen Friedensbewegung *Peace Now*[7] (Frieden jetzt) angesehen.

Die breite israelische Friedensbewegung lehnt militärische Maßnahmen nicht grundsätzlich ab: Ihr Widerspruch zur Regierungspolitik und der öffentlichen Meinung besteht darin, dass sie nicht die Politik der arabischen Staaten und der Palästinenser, sondern die Politik der israelischen Regierung für die Fortsetzung des Nahostkonflikts verantwortlich macht. Und nur insofern kritisiert sie auch die zur Durchsetzung dieser Politik stattfindenden Militäreinsätze.

Allerdings findet diese Kritik ihren Ausdruck in höchst unterschiedlicher Weise. So sind die Anhänger der einstmals großen liberalen Friedenskräfte Israels, die sich in *Peace Now*, der Partei *Meretz*[8] und dem linken Flügel der *Arbeitspartei* organisierten, in großen Teilen der Auffassung, dass Politik während des Militärdienstes zurückzustehen habe und für Tränen und Protest erst nach Beendigung des Dienstes Platz sei.

„Wir leisten keinen Dienst in den Gebieten“

Dem gegenüber plädiert z.B. die Gruppe *Yesh Gvul* (Es gibt eine Grenze) mit ihrer Parole „We don't shoot, we don't cry, we don't serve in the territories!“[9] für unverzügliches Handeln. Diese Organisation von Verweigerern, *Refuseniks*, wurde während des Libanonfeldzuges 1982 gegründet. Immer mehr Soldaten gelangten damals zu der Auffassung, bei diesem Feldzug handele es sich um einen Akt überflüssiger Aggression, und verweigerten den Einsatz im Libanon. Zu diesem Zeitpunkt war der Mythos der unbesiegbaren israelischen Armee und ihres hohen moralischen Wertes bereits angekratzt. Insbesondere die Massaker der christlichen Milizen in den palästinensischen Flüchtlingslagern von Sabra und Shatila hatten zu erheblichen Protesten innerhalb der israelischen Gesellschaft und einer Radikalisierung eines kleinen Teils der israelischen Friedensbewegung geführt.

Es entstand ein Konzept der *selektiven Verweigerung*, welches den Gedanken des zivilen Ungehorsams auf den militärischen Bereich übertrug. Soldaten und Offiziere der israelischen Armee verweigerten den Dienst an bestimmten Orten oder bestimmte Arten des Einsatzes, weil sie diese für nicht rechtmäßig oder für moralisch oder politisch abstoßend hielten.

Die *Refuseniks* untermauerten (und untermauern) ihre Position, indem sie sich auf ein israelisches Militärgesetz berufen, welches jeden Soldaten ausdrücklich verpflichtet, einen *flagrantly illegal order*, einen *ganz offensichtlich illegalen Befehl*, zu verweigern. Hintergrund dieses Gesetzes ist ein Vorfall aus dem Jahre 1956. Über das arabische Dorf Kufr Kassem hatte die israelische Armee eine Ausgangssperre verhängt. Rund fünfzig Zivilisten kehrten erst nach Ausrufung der Ausgangssperre von der Arbeit ins Dorf zurück und wussten nichts von ihr. Trotzdem wurden sie auf Befehl eines Offiziers von den israelischen Soldaten niedergeschossen. In dem folgenden Militärprozess beriefen sich die Soldaten auf den Befehlsnotstand. Zehn Jahre nach den Nürnberger Prozessen war diese Argumentation unerträglich: Das israelische Parlament erließ ein Gesetz, welches israelische Soldaten ausdrücklich verpflichtet, sich der Ausführung eines offensichtlich nicht rechtmäßigen Befehls zu widersetzen. Dieses Gesetz wird in israelischen Schulen unterrichtet, erläutert und diskutiert.

2.000 Reservisten traten während des Libanonkrieges *Yesh Gvul* bei und weigerten sich, im Libanon zu dienen. Bis zum Ende des Feldzugs verbüßten 168 von ihnen deswegen zum Teil mehrfach Haftstrafen. Nach dem Libanonkrieg ging die Zahl der selektiven Verweigerer deutlich zurück. Nur von drei oder vier Soldaten pro Jahr ist bekannt, dass sie den Dienst im weiterhin besetzten Südlibanon, in Westbank oder Gaza in dieser Zeit verweigert haben.

Erst mit Beginn der ersten Intifada 1987 stieg ihre Zahl wieder an. Aufsehen erregte im Oktober 1987 der Brief einer Gruppe von Schülern an den Verteidigungsminister, in dem sie ankündigten, nicht jenseits der *Grünen Linie*[10] dienen zu wollen. Im Dezember des gleichen Jahres weigerten sich 160 Reservisten, Bevölkerungsunruhen in den besetzten Gebieten niederzuschlagen, waren aber bereit, dort andere Aufgaben zu übernehmen. Mitte Februar 1988 rief das Knesset-Mitglied Ya'ir Tzaban, der der linken Gruppierung *Mapam* angehörte, auf einer Demonstration von *Peace Now* in Jerusalem dazu auf, die Ausführung illegaler Befehle zu verweigern. In der Woche zuvor waren vier junge Soldaten vorm Militärgericht angeklagt worden, weil sie sich geweigert hatten, „arabische Bürger zu schlagen, bis ihre Knochen brechen". *Yesh Gvul* gab bekannt, dass nun 260 Reservisten angekündigt hatten, solche Befehle zu verweigern. „Jetzt hatten jene, die ethische oder politische Einwände gegen den Militärdienst, den Dienst in den besetzten Gebieten oder gegen die Teilnahme an bestimmten repressiven Militäraktionen hatten, eine Gruppe Gleichgesinnter, mit denen sie sich identifizieren konnten und von denen sie unterstützt wurden", beschreibt Rabbi Jon-Jay Tilsen von der *Vereinigung der Synagogen für konservativen Judaismus* die damalige Situation.[11]

Man geht von etwa 2.000 Soldaten aus, die in den Folgejahren den Dienst in den besetzten Gebieten abgelehnt haben. Etwa 200 von ihnen wurden inhaftiert, unter ihnen eine unverhältnismäßig große Zahl von Kampfoffizieren der Reserve.

Nach dem Abflauen der Intifada und während des Oslo-Prozesses entsprach die Zahl der *Refuseniks* dem Engagement der übrigen israelischen Friedensbewegung. So wie sich diese, von wenigen Ausnahmen abgesehen, darauf verließ, dass die Regierung den Konflikt schon in ihrem Sinne regeln würde, sank während dieser Phase auch ihre Zahl rapide auf zwei, drei pro Jahr und nahm erst im Laufe der Al-Aksa-Intifada wieder zu. Von September 2000 bis Sommer 2002 war von etwa 1.700 *Refuseniks* in den besetzten Gebieten die Rede.

Kriegsdienstverweigerung während der Al-Aksa-Intifada

Hinzu gekommen sind im Laufe der Al-Aksa-Intifada Kriegsdienstverweigerer, die den Militärdienst insgesamt verweigern. Diese für Israel bislang unbekannte Form der Verweigerung wird dort *Totalverweigerung* genannt, auch wenn die Verweigerer selber unterschiedliche Positionen zur Ableistung eines Ersatzdienstes haben. So gibt es von einigen intensive Bemühungen, die Möglichkeit des Ersatzdienstes gesetzlich zu verankern.

Entscheidend ist jedoch: Erstmals haben junge Wehrpflichtige in größerer Zahl den Dienst in der *Israelischen Verteidigungsarmee* vollständig verweigert, nicht nur in den besetzten Gebieten, sondern auch in den Versorgungseinheiten und im Kernland Israel. Sie sind der Meinung, damit nur andere Soldaten für eben jenen Dienst freizustellen, den sie selbst nicht ausüben wollen. Gleichwohl ist die Gruppe jener, die den Dienst in der israelischen Armee in erster Linie aus pazifistischen Gründen ablehnen, klein. Die besondere Bedeutung der Totalverweigerung für die israelische Gesellschaft liegt in ihrem offenen Bruch mit der erwähnten *Festungsmentalität* und dem herrschenden Konsens, dem zufolge das Überleben Israels nur mit einer starken Armee sichergestellt werden kann.

Die Armee selbst hat bislang die offene Konfrontation mit den Verweigerern vermieden. Sie ist offensichtlich nicht daran interessiert, der Diskussion über die Rechtmäßigkeit ihrer Maßnahmen ein öffentliches Forum zu bieten, denn noch nie ist einer der Verweigerer vor ein Kriegsgericht gestellt worden. Tatsächlich erkennt sie eine Verweigerung aus Gewissensgründen gar nicht an, sondern wirft den Betreffenden Befehlsverweigerung vor. Über dieses Vergehen kann sie per Disziplinarverfahren selbst entscheiden.

Das israelische Militärgesetz räumt Verweigerern allerdings das Recht ein, selbst die Behandlung ihres Falles vor dem Militärgericht einzuklagen. Dieses Vorgehen birgt ein erhebliches Risiko, da das Militärgericht für den Vorwurf der Befehlsverweigerung Haftstrafen von bis zu zwei Jahren verhängen kann. David Zonsheine, Oberleutnant der Reserve und Mitinitiator des *Briefs der Offiziere* vom Januar 2002, hat als erster den Obersten Gerichtshof Israels ersucht, die Armee anzuweisen, seinen Fall vor dem Militärgericht zu verhandeln. In seiner zweiten Sitzung, am 16. Juli 2002, hat das Gericht Zonsheine empfohlen, beim Generalstaatsanwalt der Armee sowohl Berufung gegen seine Verurteilung im Disziplinarverfahren einzulegen, als auch gegen die Entscheidung seines Vorgesetzten, ihm kein Militärgerichtsverfahren zu gewähren. Sollte der Generalstaatsanwalt der israelischen Armee die moralischen Aspekte seiner Weigerung, in den besetzten Gebieten zu dienen, nicht angemessen berücksichtigen, so sei Zonsheine jederzeit berechtigt, sich wieder an den Obersten Gerichtshof zu wenden. Eine positive Entscheidung über Zonsheines Berufung würde zugleich bestätigen, was die Bewegung der Verweigerer schon lange behauptet: Dass die Aufforderung zum Dienst in den besetzten Gebieten einen illegalen Befehl darstellt.

Bis heute wird etwa ein Zehntel der selektiven Verweigerer, gleich ob Männer oder Frauen, ein- oder mehrmals zu kurzen Arresten von drei oder vier Wochen verurteilt. In der Regel werden sie einfach mit anderen Aufgaben betraut oder aus ihrer Einheit entfernt. Die Totalverweigerer, deren Anträge abgelehnt wurden, werden zwar immer inhaftiert, Dauer und Art ihrer Arreste entsprechen aber denen der selektiven Verweigerer.

Das vielleicht zehnminütige Disziplinarverfahren findet vor einem Offizier innerhalb der jeweiligen Einheit statt. Der Disziplinaroffizier, der kein Jurist ist, liest die Anklage vor und gibt dem Angeklagten Gelegenheit, sich dazu zu äußern. Der Angeklagte hat keinen Anspruch auf anwaltliche Vertretung oder eine angemessene Vorbereitung auf das Verfahren. Ihn erwartet eine Arreststrafe von bis zu 35 Tagen; das entspricht dem Strafrahmen, den die höheren Disziplinaroffiziere ausschöpfen dürfen. Seit 1983 enthält das israelische Militärreglement jedoch einen Passus, demzufolge „ein Soldat, der sich weigert, dort zu dienen, wo er hingeschickt wird, (...) zusammen mit seiner Verurteilung zu einer Haftstrafe ohne vorherige Benachrichtigung eine neue Einberufung zum Reservedienst erhalten" soll. Mit dieser Maßnahme wird der Kreislauf von Einberufung, Verweigerung und Disziplinarstrafe erneut in Gang gesetzt. Die Praxis, Verweigerer immer wieder einzuberufen, manche bis zu vier Mal, wurde bis heute beibehalten.

Wer sich trotzdem beharrlich weigert, dem Druck nachzugeben, wird ausgemustert. Hierzu bedient sich die Armee gern der sogenannten *Unsuitability Committees*, die sich eigentlich mit solchen Personen befassen sollen, die aufgrund von Verhaltensstörungen für den Armeedienst ungeeignet sind. Gelegentlich wird Verweigerern auch eine schlechte psychische Verfassung attestiert, um sie ausmustern zu können.

Nur die Anträge der Pazifisten sowie der nicht-religiösen Frauen unter den Totalverweigerern werden vor dem *Committee for Granting Exemptions from Defense Service for Reasons of Conscience*[12], kurz *Conscience Committee*, behandelt. Dieses Komitee setzte sich bis Februar

2002 ausschließlich aus Mitgliedern der Armee zusammen. Seitdem wurden auch einige Zivilisten hinzu berufen, unter diesen aber auch hochrangige Reserveoffiziere, die bereits in der Zeit ihres aktiven Diensts im *Conscience Committee* mitgearbeitet hatten. Gegen die Entscheidung des *Conscience Committee* kann nur beim Obersten Gerichtshof Berufung eingelegt werden.

Die große Mehrzahl sowohl der selektiven als auch der Totalverweigerungen wird politisch begründet. Die Spannbreite dieser Begründungen ist erheblich und lässt sich am Beispiel der verschiedenen Verweigerergruppen während der Al-Aksa-Intifada gut verdeutlichen:

Zum Einen sind da die Unterzeichner des *Briefes der Offiziere* vom 25. Januar 2002. *Courage To Refuse* (Mut zur Verweigerung), wie sie ihre Bewegung genannt haben, befürwortet grundsätzlich den Dienst in der Armee und betont die Verdienste ihrer Mitglieder in der Armee sowie deren Bereitschaft, für ihr Land zu kämpfen. Man legt Wert darauf, dass die Liste der Unterzeichner nur Offiziere, besser noch: Offiziere aus Kampfeinheiten enthält, da deren Loyalität zum israelischen Staat nicht in Frage zu stellen ist. Lange haben sich die Vertreter der Gruppe auch geweigert, der ausländischen Presse Interviews zu geben, um sich nicht dem Vorwurf der Denunziation Israels auszusetzen. Sie verstehen sich ausdrücklich nicht als politische Organisation und wollen auch ihre Ziele nicht politisch verstanden wissen.

Die Offiziere, die auch *Seruvniks*[13] genannt werden, begründen ihre Weigerung, Dienst in den besetzten Gebieten zu leisten, damit, dass die dortigen Militäreinsätze nicht der Sicherheit ihres Landes dienen würden. Im Gegenteil, sie führten lediglich zu einer Verlängerung und Ausweitung des Konflikts und nutzten ausschließlich den Siedlern und dem Erhalt der Siedlungen. Der Einsatz inhumaner Methoden beschädige die Moral der israelischen Armee und das Ansehen des Staates. Auch stehe er in Widerspruch zu den Werten, die zu achten man die Unterzeichner erzogen habe. „Die Wahrheit ist, dass die meisten der Verweigerer zu ihrem Entschluss gekommen sind, weil sie den ‚Alltag' in den besetzten Gebieten erlebt haben“, schrieb Michael Sfard, Rechtsanwalt und Mitunterzeichner der Petition in der englischen Tageszeitung *The Observer* am 19. Mai 2002. „Als Soldaten, die wir die zerstörerischen Auswirkungen der Besatzung auf die normalen Israelis und Palästinenser aus erster Hand erlebt haben, können wir ihre zerstörerischen Konsequenzen für jene Werte nicht mehr ertragen, die wir für israelisch anzusehen erzogen wurden: den Respekt vor menschlichem Leben und menschlicher Würde.“

Aufgrund des hohen Ansehens, das Offiziere in der israelischen Bevölkerung genießen, hat ihr Brief großes Aufsehen erregt. Nicht umsonst hat sich die Zahl der Unterzeichner innerhalb eines halben Jahres fast verzehnfacht. Rund vierzig von ihnen wurden bis zum Sommer 2002 zu Arreststrafen verurteilt und es hat den Anschein, dass die israelische Armee auf diese Provokation ihrer Elite künftig schärfer reagieren will. Immerhin hat diese die Legitimität der Besatzung und der Siedlungspolitik in Frage gestellt und eine Diskussion losgetreten, die kaum wieder rückgängig zu machen sein wird.

Zugleich aber ignoriert ihre Begründung der Dienstverweigerung das Leid, das der palästinensischen Bevölkerung in den langen Jahren der Besatzung zugefügt wurde, ihre Ausbeutung und die im Zusammenwirken mit der *Palästinensischen Autonomiebehörde* gesteuerte Unterentwicklung der besetzten Gebiete. Die *Seruvniks* argumentieren ausschließlich mit dem Schaden, der Israel und seinem moralischen Ansehen durch die Fortführung dieses Konflikts zugefügt wird. Das Fehlen eines Verantwortungsgefühls für die soziale und wirtschaftliche Lage in Gaza und Westbank und die ausschließliche Ausrichtung auf die Interessen Israels lässt vermuten, dass dieser Teil der Verweigerer nach einem Waffenstillstand und der Aufnahme neuer Verhandlungen ohne weiteres und kritiklos an seine jeweiligen Einsatzorte zurückkehren wird. Auch einem einseitigen Rückzug Israels aus den besetzten Gebieten steht aus dieser Sicht nichts im Wege. Es stellt sich ihnen nicht die Frage, ob und wie Israel praktische Verantwortung für die desolate humanitäre Situation in Westbank und Gaza übernehmen müsste.

Eine andere Position bezogen 62 Jugendliche, die im August 2001 die israelische Tradition der offenen Briefe aufgriffen und sich an den israelischen Premierminister Ariel Sharon wandten. Die zwischen 15 und 18 Jahre alten Schüler und Schülerinnen teilten mit, dass sie den Einsatz in den besetzten Gebieten verweigern würden, weil sie die Politik der israelischen Regierung dort für falsch halten. Einige wollten den Armeedienst überhaupt verweigern, andere den Dienst in den besetzten Gebieten und/oder bei den Bodentruppen. Ihre Verweigerung begründeten sie mit dem der palästinensischen Bevölkerung zugefügten Leid, der Verletzung der Menschenrechte durch die israelische Armee in den besetzten Gebieten, den Häuserzerstörungen, Festnahmen und Liquidationen. Sie plädieren für einen gerechten Frieden zwischen dem israelischen Staat und dem palästinensischen Volk. Ihre Haltung umfasst auch eine Kritik an den Osloer Verträgen, die ihrer Auffassung nach ausschließlich Israel (und den

Schülerinnen und Schüler

Offener Brief

Wir, die Unterzeichner und Unterzeichnerinnen, junge Männer und Frauen, die in Israel aufwuchsen und ausgebildet wurden, werden bald zum Dienst in der *Israelischen Verteidigungsarmee* (IDF) einberufen. Wir wollen gegen die aggressive und rassistische Politik der israelischen Regierung und seiner Armee protestieren und geben bekannt, dass wir an einer solchen Politik nicht teilnehmen wollen. Wir widersetzen uns aufs Schärfste dem Herumtrampeln auf den Menschenrechten, wie es gegenwärtig durch den Staat Israel geschieht.

Die Beschlagnahmung von Land, Verhaftungen, Hinrichtungen ohne Prozess, Zerstörung von Häusern, Abriegelungen, Folter und Verhinderung medizinischer Behandlung sind nur einige der Verbrechen, die der israelische Staat begeht. Daraus resultieren grobe Verletzungen internationaler Vereinbarungen, die Israel unterzeichnet hat. Solche Aktionen sind nicht nur illegitim, sie erreichen auch nicht ihr erklärtes Ziel: die persönliche Sicherheit der Bürger und Bürgerinnen des Staates zu erhöhen.

Dementsprechend ist es unsere Absicht, das zu machen, was uns unser Gewissen vorschreibt und die Teilnahme an Aktionen zu verweigern, die das palästinensische Volk unterdrückt. Diese Aktionen verdienen die Bezeichnung *terroristisch*. Sicherheit kann nur durch das Mittel einer gerechten Friedensvereinbarung zwischen dem Staat Israel und der palästinensischen Bevölkerung erreicht werden.

Wir rufen andere in unserem Alter auf, wie auch Wehrpflichtige, Berufssoldaten und -soldatinnen sowie Reservisten, unserem Beispiel zu folgen.

Brief von Schülern und Schülerinnen an Premierminister Ariel Sharon vom 19.08.2001; aus: Magazin *Challenge*, Israel, November/Dezember 2001. Übersetzung aus dem Englischen: Rudi Friedrich

USA), vielleicht noch der palästinensischen Bourgeoisie, keinesfalls jedoch der palästinensischen Bevölkerung nutzen sollten, und deshalb einen gerechten Frieden von vornherein ausschlossen.

Ihre Position beinhaltet nicht nur die Ablehnung der militärischen Maßnahmen in den besetzten Gebieten, sondern der Politik des israelischen Staates gegenüber der palästinensischen Bevölkerung überhaupt. Die Jugendlichen sind nicht blind gegenüber der Korruption in der *Palästinensischen Autonomiebehörde* und den innerpalästinensischen Problemen und Missständen in Westbank und Gaza. Allerdings betonen sie Israels Status als Besatzungsmacht. Aufgrund dieses Status' müsse Israel als erstes seine Verpflichtung und Verantwortung für die derzeitige Situation anerkennen. Ein gerechter Frieden, gleich ob in einem binationalen oder zwischen zwei unabhängigen Staaten, könne nur zustande kommen, wenn zuerst Israel diese Verantwortung übernehme und in der Folge die Interessen beider Seiten in gleicher Weise berücksichtigt würden.

Auch der Brief der Schüler und Schülerinnen hat seinerzeit Aufsehen erregt. Mit ihrer Position bewegen sie sich jedoch weit außerhalb des erwähnten israelischen Konsens', den zu verletzen sich sowohl *Yesh Gvul* als auch die *Seruvniks* scheuen.

Yesh Gvul, die älteste dieser Gruppen, prangert die israelischen Militäraktionen an und scheut sich nicht, sie als illegale Befehle und Aktionen zu bezeichnen, die vor einem internationalen Gerichtshof durchaus als Kriegsverbrechen angeklagt werden könnten. Jedoch argumentiert auch diese Gruppe mit dem Schaden, den diese Aktionen dem Wesen der israelischen Armee zufügen. Sie behält offenbar die alte Vorstellung einer überlegenen Moral der israelischen Verteidigungsarmee bei, die nur erhalten oder wiedererlangt werden muss. Zwar verweist sie zu Recht darauf, dass die Entwicklung nationalistischer und rassistischer Auffassungen in der israelischen Bevölkerung eine direkte Folge der Besatzungspolitik ist. Ihre Kritik richtet sich aber nur gegen ein bestimmtes Vorgehen und bestimmte Ziele, nicht grundsätzlich gegen das Militär oder die israelische Politik an sich. Diese Unterscheidung hat ihr in der Vergangenheit ein großes Maß an Akzeptanz und Zustimmung gebracht. Sie war aber, wie fast die gesamte übrige israelische Friedensbewegung, in der Zeit von Oslo verstummt, was wohl zumindest zum Teil daran gelegen haben dürfte, dass auch sie sich in ihrer Parteinahme letztlich auf die Interessen Israels begrenzt hat.

Gemeinsam ist all diesen Gruppen und Strömungen, dass durch die Verweigerung der Teilnahme an den Militäraktionen in den besetzten Gebieten die öffentliche Diskussion über die Rechtmäßigkeit der Besatzung und die damit verbundenen Militäreinsätze vorangetrieben wird. Die Bedeutung ihres Tabubruchs in einer zumindest ideologisch unverändert eng mit ihrer Armee verwobenen Gesellschaft ist groß. Gemeinsam ist ihnen auch, dass ihre Arbeit in Anbetracht der aufgeheizten Stimmung im Land seit Beginn der Al-Aksa-Intifada großen Mut und Konsequenz erfordert. Nicht nur in Westbank und Gaza, auch in Israel ist der Alltag durch den Krieg geprägt. Auf beiden Seiten liegen die Nerven blank. Überreaktionen und wechselseitige Schuldzuweisungen sind an der Tagesordnung. Sie haben häufig wenig mit der Realität, viel aber mit der Hoffnungslosigkeit und Verzweiflung der Menschen zu tun. Wer in einer solchen Situation die Politik der Mächtigen in Frage stellt, wird schnell als Feind und Überläufer begriffen und bedroht. Auch das ist auf der israelischen nicht anders als auf der palästinensischen Seite.

1 *Irgun Zwai Leumi* (Ezel), *Lechi*, *Hagana* und ihre Eliteeinheit *Palmach*. *Hagana* war die offizielle Untergrundorganisation der jüdischen Gemeinschaft *Jishuw* in Israel vor der Staatsgründung

2 Drusen sind Angehörige einer aus dem schiitischen Islam hervorgegangenen Religionsgemeinschaft (Anm. d. Hrsg.)

3 zitiert nach Christian Axnick: *Israel: die Friedensbewegung, der Friedensprozeß und der Kriegszustand*; Kalaschnikov, Marburg, vom 13.08.1997 www.lahn.net/dfgvk/israel.htm

4 Roni Ben Efrat und Goliath Outmoded: *Recent Studies on the Choices before Israel's Army*; Challenge – A Magazine Covering the Israeli-Palestinian Conflict, P.O.Box 41199, Jaffa 61411, Israel, No. 53, Jan./Feb. 1999. In diesem sehr empfehlenswerten Artikel finden sich auch Ausführungen zur Atompolitik Israels, die den Rahmen des vorliegenden Textes jedoch sprengen würden.

5 Zur aggressiven Haltung, die Ultrarechte und Siedler u.a. gegenüber Kriegsdienstverweigerern (und der Friedensbewegung) einnehmen siehe u.a. Nadav Shragai, Gideon Alon, Lily Galili und Yossi Verter: *Settler rabbis call for death penalty and bombing towns in war on terror*; Ha'aretz, 20.07.2002

6 Siehe etwa die Sammlung von Diskussionen junger Soldaten aus der Kibbuzbewegung, in denen diese ihre Erfahrungen und moralischen Werte aus den Tagen des Kampfes erörtern; Kibbuzbewegung (Hrsg.): *Gespräche mit israelischen Soldaten*; Joseph Melzer Verlag, 1970

7 hebräisch: *Shalom Achshav*

8 Sozialdemokratische Partei links von der *Arbeitspartei*, steht *Peace Now* nahe

9 „Wir schießen nicht, wir jammern nicht, wir leisten keinen Dienst in den Gebieten!"

10 Als *Grüne Linie* wird die Grenze vom Kernland Israel zu den besetzten Gebieten bezeichnet.

11 Rabbi Jon-Jay Tilsen: *Conscientious Objection to Military Service in Israel*; www.uscj.org/ctvalley/beki/conscentious.html

12 *Komitee zur Bewilligung der Entlassung aus dem Verteidigungsdienst aus Gewissensgründen*

13 *seruv* bedeutet *verweigern*

Tal Belo

Warum bist du am Leben?

In jener Nacht war ich ein wenig betrunken. Wir saßen herum und tranken auf Daniel, der erst vor kurzem aus Frankreich eingewandert war, um in der Armee dem Land Israel im jüdischen Glauben dienen zu können; und auf Tali, eine Sozialarbeiterin im Militär. Wir entkorkten eine Flasche *Johnny Walker*, die Talis Bruder mitgebracht hatte, hörten die *Doors* und rauchten Haschisch. Du kannst kein richtiger Soldat des *Nahal* [1] sein, ohne *Johnny Walker* zu trinken, die *Doors* zu hören und Haschisch zu rauchen. Wir waren gerade aus dem Libanon zurückgekehrt und nach einer Woche Erholungsurlaub wurden wir gleich in die Territorien, nach Gaza, geschickt.

Gaza ist einmalig: Mit dem blauen Meer und seinem ausgezeichneten *Hummus* [2], das dich selbst mit einer Tonne *Pita* [3], Oliven und Pommes nicht mehr als 10 Schekel [4] kostet. Lass' mich etwas über diese Oliven berichten. Erstens sind sie die bittersten der ganzen Welt. Die Menschen aus Gaza sagen, es ist ihre Bitterkeit des Lebens im Gaza-Streifen – durch unsere jetzige Besatzung und die Besatzungen davor. Und diese Oliven können dich auch verrückt machen, weil sie so salzig sind – von den Tränen der Frauen aus Gaza; Tränen, die sie in den Olivenhainen vergießen und die die Oliven durchdringen.

Die Frauen Gazas sind die wahren Heldinnen. Während die Männer damit beschäftigt sind, das Leid des Lebens zu ertragen und danach trachten, sich von der Besatzung zu befreien, kümmern sich die Frauen um die Kinder, bereiten das Essen vor und arbeiten in den Hainen. Dort weinen sie um ihre Jugend und ihre Träume, flehen um ihre Söhne, die getötet oder inhaftiert wurden oder denen dies noch bevorsteht.

Gerade dadurch bekommen die Oliven einen ausgezeichneten Geschmack. Am delikatesten schmecken sie mit Whisky.

Plötzlich musste ich an meine Mutter denken. Sie konnte nachts auch nicht schlafen. Ich erklärte ihr, dass wir dort nur Whisky trinken und Oliven essen – nicht mehr. Aber sie glaubte mir nicht und begann zu weinen: „Ich fürchte mich. Ich habe Albträume." Mammis und ihre Träume – ich sagte ihr: „Mach dir keine Sorgen. Weine nicht, sonst wird das Wasser in den israelischen Kavernen salzig. Das geschah in Gaza. Darum werden sie unterdrückt und ist ihr Land besetzt." Auch wenn es nicht hilft, so mit ihr zu reden: Es gibt keine wie Mammi.

Tali sagte, dass Jim Morrison [5] ein König gewesen sei und begann zu tanzen. Sie war so hübsch anzusehen: Tali! – mit ihrem direkten

Umgangston, ihrem flachen Bauch und ihren Brüsten, aus denen die Brustwarzen wie kleine Hügel in der Prärie herausstanden. Daniel tanzte nun mit ihr und sie küssten sich. Ich saß alleine da und dachte, dass Daniel ein Opfer der widrigen Lebensumstände geworden ist. Er war dabei, verrückt zu werden, und niemand will es jetzt noch sehen.

Es geschah letzte Woche, bei der Demonstration in der Nähe der grünen Moschee. Daniel feuerte zufällig einige Schüsse in die Menge, dabei wurde eine schwangere Frau aus Gaza getötet. Ich lief, um ihr Hilfe anzubieten, aber sie lag schon im Sterben. Sie schaute mich betrübt an, mit Tränen in den Augen. Sie war im fünften Monat und blutete stark aus dem Unterleib. Ich wusste, dass sie ihr Baby verlieren würde. Erst nach einer Weile konnte ich ihr eine Nadel in die Vene stechen und mit der Transfusion beginnen. Sie starb um 6 Uhr nachmittags. Roni, die Ärztin, und ich begannen zu weinen. Manny, der Fahrer, murmelte: „Sie war doch nur eine Araberin." Tot, also was soll's? Aber auch er war niedergeschlagen und ich konnte sehen, dass ihm die Situation schwer fiel. Ich küsste ihn auf seine Stirn und sagte, er solle zum Hauptquartier fahren. Keiner sagte ein Wort zu Daniel.

Bei einer Untersuchung kam heraus, dass es ein Unfall war – ein versehentlicher Schuss. Aber niemand redete mit Daniel. Ich sagte Roni, dass Daniel Urlaub brauche, er ganz verwirrt wirke, wir mit ihm reden müssten. Aber wir waren alle beschäftigt: Es gab weitere Demonstrationen, bei denen mehr Menschen getötet wurden. Ich hatte das Gefühl, allmählich verrückt zu werden. Unsere Vorgesetzten befahlen uns: „Benutzt eure Gewehre, errichtet Hinterhalte, springt von Flugzeugen, macht schneller, rennt, lasst euch fallen, rennt!"

Sie vergaßen uns beizubringen, darüber zu sprechen, zu weinen. Wir wussten nicht, wie uns vergeben werden kann. Daniel schaute auf Tali, gab ihr einen weiteren Kuss, und sagte, er werde kurz auf die Toilette gehen.

Ich fragte ihn: „Soll ich dich begleiten?" „Bleib hier, Nahum", antwortete er „und passe für mich auf Tali auf". So blieb ich bei ihr.

Nach einer Minute hörten wir einen Schuss.

1 Jugendcorps des Militärs in Israel
2 Dip-Creme aus Kichererbsen und Sesampaste
3 Fladenbrot
4 entspricht 2,62 €
5 charismatischer Sänger der US-amerikanischen Rockgruppe *The Doors*
(Alle Anmerkungen vom Herausgeber)

Tal Belo: *Why You Are Alive?*, 20.06.02, aus: www.seruv.org. Übersetzung: Franz Nadler

Guy Grossman

Ein prinzipielles und patriotisches NEIN!

Für einen israelischen Offizier ist die Verweigerung des Militärdienstes eine der härtesten Entscheidungen; in der gegenwärtigen Kriegsatmosphäre gibt es einen enormen Druck, solidarisch zu sein.

Ich bin erzogen worden mit den zionistischen Werten der Selbstaufopferung und Verpflichtung gegenüber dem nationalen Überleben meines Volkes, wie auch gegenüber den universellen Werten der Gerechtigkeit und der Menschenrechte. So habe ich mich mit 18 Jahren freiwillig für eine Eliteeinheit bei den Fallschirmspringern gemeldet und wurde Offizier. Während des Militärdienstes verbrachte ich 18 Monate in den besetzten Gebieten und drei Monate im Libanon. Nach vier Jahren wurde ich einer von 400.000 Reservisten Israels und bin nun noch zu vier bis sechs Wochen Dienst im Jahr verpflichtet.

Die elfjährige Entwicklung vom enthusiastischen neuen Rekruten zum Verweigerer wühlte meine Seele auf. Ich begann einige Mythen meines Landes zu hinterfragen und veränderte dabei meine Persönlichkeit. Vorher galt ich als Held, nun weicht man mir aus, ja, ich werde sogar *Verräter* genannt. Aber dieser Schritt war für mich notwendig, nicht nur für mein eigenes Gewissen, sondern auch um die Werte zu schützen, auf denen sich Israel gründet. In dieser Krise ist es gefährlich, die Grundlagen des Staates zu schützen – die ich als Israeli geschworen habe, zu verteidigen.

Ich war der elfte israelische Reserveoffizier, der der Gruppe *Ometz Le´sarev*[1] (Mut zum Verweigern) beitrat und folgende Erklärung unterzeichnete: „Wir werden nicht weiter jenseits der Grenzen von 1967 kämpfen, um ein ganzes Volk zu beherrschen, zu vertreiben und zu entwürdigen oder es hungern zu lassen." Gleichzeitig erklärten wir unsere Loyalität gegenüber dem Staat und dem israelischen Volk und unseren Willen, „weiterhin der *Israelischen Verteidigungsarmee* für jeden Einsatz zur Verfügung zu stehen, der der Verteidigung Israels dient."

Meine Entscheidung führte zu Auseinandersetzungen mit der Familie und Freunden – und ich musste bereit sein, einen hohen persönlichen Preis zu zahlen. So haben einige Kameraden alle Verbindungen zu mir gelöst; die Verwaltungen von 35 Städten beschäftigen keine Verweigerer mehr; während ich das schreibe, befinden sich 36 Unterzeichner des Aufrufs in Militärgefängnissen; letzte Woche hat der Generalstaatsanwalt die Latte höher gelegt und vorgeschlagen, uns zukünftig wegen Landesverrats zu bestrafen, eine sehr viel schwerwiegendere Anklage.

Der berühmte israelische Schriftsteller Amos Oz schrieb vor kurzem: „Zwei Kriege werden in dieser Region geführt. Der eine ist gerecht und der andere ist sowohl ungerecht als auch sinnlos." Ich bin bereit, den gerechten Krieg zu kämpfen: für das Überleben Israels. Ich verweigere aber den Kampf für die kontinuierliche Besatzung palästinensischen Landes; dieser Krieg ist ungerecht; er untergräbt die geistige Gesundheit und die Moral meines Landes und verdirbt seine Seele. Es gibt keine gutartige Besatzung und es kann sie auch nicht geben. Über elf Jahre haben meine Freunde und ich unser Leben und unsere Gesundheit riskiert um diese unerträgliche Realität fortzusetzen: tägliche Erniedrigungen an den Kontrollstellen, willkürliche Stilllegung von Straßen und Zerstörungen von Häusern. Ich sah, wie Jugendliche mit Hass in ihren Augen aufwuchsen – Augen, in die zu schauen ich mich schämte.

Der Krieg ist auch sinnlos. Während meines Dienstes in den besetzten Gebieten stellte ich fest, dass ich Befehle bekam, die kaum Bezug hatten zur Sicherheit meines Landes – ganz im Gegenteil. Es ist meine patriotische Pflicht, die Wahrheit auszusprechen und meinem Volk zu sagen, dass dieser fortgesetzte irrsinnige Krieg die langfristige Sicherheit meines Landes untergräbt. Er untergräbt unsere Legitimität und die Unterstützung, die wir bekommen. Der *Krieg für die Siedlungen* verhindert nicht die verachtenswerte Geißel des palästinensischen Terrors, der uns nahezu täglich in unseren Bussen, Hotels und Restaurants trifft. Wir haben mit unserer Härte tatsächlich einen großen Kessel kompromisslosen Hasses geschürt, der unsere möglichen Nachbarn und Partner teils zu unbarmherzigen Feinden macht. Dieser sinnlose Krieg kann nicht gewonnen werden; letztlich werden wir uns doch zurückziehen und die Palästinenser werden ihren eigenen Staat haben.

Beide Kriege, der gerechte und der ungerechte, werden miteinander vermischt, was einen schrecklichen Preis fordert. Wir kämpfen in Dschenin und Ramallah, aber unsere Politiker bestehen darauf, dass dies der gerechte Krieg für unsere Heimat ist. Unsere Führer erzählen uns, dass wir für immer mit dem Schwert zu leben haben – wo die Gewalt versagt habe, würden wir mit mehr Gewalt Erfolg haben. Aber es ist klar: All unsere Panzer und Kampfflugzeuge können keine militärische Lösung des Konflikts herbeiführen. Die Vermischung beider Kriege gefährdet auf lange Sicht die Sicherheit Israels, die auf zwei Pfeilern ruht: der Legitimität unseres Landes und unserer militärischen Durchsetzungsfähigkeit. Indem wir einen ungerechten Krieg kämpfen, indem wir etwas verteidigen, was nicht zu halten ist, mit der Absicht, das Unvermeidliche zu verschieben, untergraben wir die fundamentalen Pfeiler der Sicherheit. Wir stärken unsere Feinde, verlieren internationale Unterstützung und – das Schlechteste von allem – wir schwächen unsere eigene Moral. Panzer und Luftwaffe sind nur so stark wie der Glaube jedes einzelnen Soldaten an die Gerechtigkeit und Moralität des Einsatzes.

Als Patriot ist es meine Pflicht, das Durcheinander aufzudecken und zum ungerechten Krieg NEIN zu sagen. Ich weigere mich in den besetzten Gebieten zu dienen. Es ist nicht nur mein demokratisches Recht, diesen Dienst zu verweigern, es ist meine Pflicht. Die Beendigung der Besatzung und die Errichtung von sicheren, international anerkannten Grenzen, mögen nicht jeden terroristischen Angriff stoppen; mit diesem Prozess beginnt aber der Kessel abzukühlen. Das mag nicht jede militärische Bedrohung aufhalten, wir werden aber jeder Bedrohung begegnen mit Mut, Überzeugung und starker internationaler Unterstützung. Das ist der gerechte Krieg, und ich bin bereit, ihn zu kämpfen.

Unsere Stimme wird jeden Tag lauter. Im Januar 2002 unterzeichneten die ersten 54 Reservisten den *Brief der Offiziere*. Heute, im Juni desselben Jahres, zählen wir 412. Wir richten unsere Botschaft an unsere Mitbürger und die US-amerikanischen Unterstützer: Man kann Israel lieben und muss gleichzeitig seine irregeleitete Politik kritisieren. Wir haben die Ungerechtigkeit und die Sinnlosigkeit der Besatzung mit eigenen Augen gesehen. Wir weigern uns, noch länger daran teilzunehmen. Wir haben eine andere Vision von Israel, die sich aus dem stolzen jüdischen und zionistischen Erbe herleitet. Die Verweigerung bedeutet nicht lediglich NEIN zu sagen, sie ist ein patriotischer Weg JA zu sagen: zu einem sicheren, gerechten und blühenden Staat Israel.

1 *Ometz Le´sarev*, englisch: *Courage to Refuse*

Guy Grossman: *A Principled and Patriotic No!*, 20.06.02, aus: www.seruv.org.
Übersetzung: Franz Nadler

Itai Haviv

Schwarze Fahne

Als kämpfender Offizier der *Israelischen Verteidigungsarmee* diente ich überall, in der Westbank und im Gaza-Streifen. Ich bin nicht naiv – manchmal musst du töten, um zu überleben. Im Namen des Staates Israel jagte ich nach Kindern, die Steine geworfen hatten. Ich patrouillierte in den schmalen Gassen der Flüchtlingslager. Ich klopfte an die Blechtüren in den frühen Morgenstunden. Ich suchte nach Hetzpamphleten zwischen Matratzen und Decken. Ich hörte Babys schreien. Ich zog Leute aus dem Bett, damit sie Slogans von den Wänden entfernen. Ich sorgte für die Durchführung der Ausgangssperre. Ich kämpfte gegen palästinensische Fahnen, die von den Strommasten hingen. Ich hielt Fahrzeuge an. Ich konfiszierte Ausweise. Ich lud Festgenommene auf meinen Jeep. Ich schoss auf Aufständische. Ich hielt Hunderte von Autos an den *Checkpoints* an. Ich errichtete einen Beobachtungsposten auf dem Dach einer Konditorei in der Hauptstrasse Gazas.

Das ist die Routine der Besatzung, Tag für Tag, Stunde für Stunde. Es geht nun schon 35 Jahre.

Ich glaubte, dass wir keine andere Wahl hatten, als Krieg zu führen. Wir hatten doch schon jeden Stein umgedreht, auf der Suche nach Frieden.

Wir haben über 100 Siedlungen errichtet. Wir haben 200.000 Leute in ihnen angesiedelt. Wir haben Krieger verloren, Kinder, Frauen – alles für die Sicherheit des Staates, für Frieden und um den nächsten Selbstmordattentäter aufzuhalten.

Seit 35 Jahren hängt stolz eine *schwarze Fahne** über unseren Köpfen, aber wir haben uns geweigert, sie zu sehen. Schluss damit.

Itai Haviv: *Black Flag*, 20.06.02, aus: www.seruv.org. Übersetzung: Franz Nadler

* *Schwarze Fahne* ist eine Anspielung auf eine Gerichtsentscheidung nach dem Massaker in Kufr-Kassem im Jahr 1956 durch die israelische Armee. Darin kommen die Richter zu dem Schluss, dass jeder Soldat das Recht und die Verpflichtung habe, eindeutig illegale Befehle zu verweigern. Der Ausdruck *schwarze Fahne* steht für solche illegalen Befehle. Bislang wurde allerdings noch kein Soldat in Schutz genommen, der einen *Schwarze-Fahne-Befehl* verweigert hat und sich auf dieses Urteil berief.

Avner Kokhavi

Schwarze Befehle

Als meine Freunde erfahren haben, dass ich den Brief *Courage to Refuse* (Mut zum Verweigern) unterzeichnet habe, sagten sie: „Ein Soldat kann jeden Befehl verweigern, über dem eine *schwarze Fahne* hängt." Aber wer auch immer das sagt, versteht nicht, dass eine große *schwarze Fahne** über allen militärischen Aktivitäten in den besetzten Gebieten hängt.

Ich will ein Beispiel nennen, das jeder Soldat kennt, der in den Gebieten gedient hat: Ein Beobachtungsposten steht auf dem Dach eines zivilen Hauses. Es mag nicht ersichtlich sein, warum über dieser Aktivität eine *schwarze Fahne* hängt; ich erinnere mich aber gut, als ich in der Stadt Halkul nahe Hebron an solch einer Stelle zur Beobachtung postiert war.

Erstens waren die Außenwände des Hauses schwarz von den Kaffeeresten, die die Soldaten vom Dach geschüttet hatten. Zweitens war der Garten voller Scheiße und Toilettenpapier, da er den Soldaten als Latrine diente. Drittens war auf dem Dach ein Haufen Müll und leere Dosen. Viertens zerstörte das Militärfahrzeug, das immer die Ablösung brachte, den Gehsteig und den Eingang des Hauses. Fünftens wurden alle Bewohner des Hauses geweckt, wenn die Ablösung um zwei Uhr in der Nacht stattfand – und da es in dem Haus ein Baby gab, fing dies an zu schreien.

Ich erinnere mich an den Anblick der Bewohner und Bewohnerinnen, wenn ich ihnen im Treppenhaus begegnete: Ich spürte in ihrem Blick ihre Erniedrigung.

Auf den ersten Blick schien über dem Beobachtungsposten keine *schwarze Fahne* zu hängen. Tatsächlich aber hängt ein riesiges *schwarzes Tuch* über allen militärischen Aktivitäten gegenüber der Zivilbevölkerung.

Avner Kokhavi: *Black Commands*, 26.06.2002, aus: www.seruv.org.
Übersetzung: Franz Nadler

Rotem Avgar

Die Verweigerung ist nicht nur ein Recht, sondern eine Pflicht

Ich hatte schon sehr früh meine Zweifel, ob ich in der Armee dienen sollte. Mehr und mehr erwies sich der feste Grund meiner Erziehung als Treibsand. Zuletzt war für mich klar, dass ich nicht dienen werde.

Das Phänomen der Verweigerung wird in Israel mit einem Mangel des Erziehungssystems begründet. Die Gesellschaft hat mit Entsetzen entdeckt, dass wir nicht alle zu den Uniformen stürmen, dass der aufregendste Tag in unserem Leben nicht der Tag ist, an dem wir zur Armee kommen – ja, nicht mal der Moment, an dem wir das Barett erhalten.

Ich bin über andere Dinge entsetzt: Über die humanen und netten Jugendlichen, die noch immer daran glauben, dass die Armee der *Verteidigung* dient. Sie sehen nicht, dass sie eine Waffe ist, um zu morden, zu unterdrücken und zu zerstören. Ich bin erstaunt über die Entdeckung, welche Macht tradierte Ideen noch immer über Jugendliche haben; wie wenig Bewusstsein und Aufmerksamkeit bei ihnen existiert, obwohl doch angenommen wird, dass sie sich an Idealen orientieren.

Wir leben unter Leuten, die das Leben von Palästinensern und Palästinenserinnen gering achten, deren Kultur als unterentwickelt ansehen und weniger aufgeklärt. Sie seien nun *Terroristen*. Zur Zeit des Oslo-Friedens sah man sie noch als Diener, als Kreaturen einer niedrigeren Ordnung. Nach jedem Attentat erwachen die Israelis verwirrter aus ihrer selbstzufriedenen Euphorie. Sie verstehen nicht, warum gerade sie getroffen werden und schreien: „Gebt es ihnen!“ Sie zwingen sich in ihre alten Uniformen und treten den Dienst an, mit Glatze und dickem Bauch, um sie „auszurotten“ – und falls es notwendig sein sollte, „für unser Land zu sterben“.

Wir, die den Kriegsdienst verweigern, sind über diese Leute entsetzt. Sie glucken zusammen, schütteln ihre Köpfe und seufzen. Einige haben die Idee, das nächste Flugzeug zu nehmen und wegzufliegen. Andere schlagen vor, ins Meer zu springen. Auch uns würden sie am liebsten reinschubsen. „Mein Sohn, meine Tochter wird eingezogen, um dich zu schützen“, murmeln sie selbstgerecht. Gut, ich habe Neuigkeiten für die israelischen Eltern und Pädagogen: Ihr müsst eure Kinder nicht zum Einberufungszentrum bringen; bringt sie zum *Conscience Committee*[1] (Gewissenskomitee).

Meine Eltern werden mich nicht unterstützen, wenn ich vor das *Conscience Committee* trete. Sie werden sich vermutlich ansehen und fragen: „Wer ist schuld daran?“ Einige nennen mich eine *Verräterin*. Aber ich weiß: Wenn ich zur Armee ginge und am Ende der Ausbildung den Eid vor der Fahne ablegte – dann würde ich wirklich zur Verräterin werden. Ich würde an mir selbst und meinen Grundsätzen Verrat begehen. Ich würde meine Gesellschaft verraten und jene, die um mich herum leben.

Für mich entspringt die Verweigerung einer inneren Überzeugung. Das hat gerade in Israel eine besondere Bedeutung, da hier die Armee nicht nur irgendeine Institution ist, sondern ein Lebensweg darstellt. Die Kriegsdienstverweigerung ist heutzutage nicht nur ein Recht, sondern eine Pflicht.

1 In Israel können Frauen die Anerkennung der Kriegsdienstverweigerung beantragen, was durch das *Committee for Granting Exemptions from Defense Service for Reasons of Conscience* (Komitee zur Bewilligung der Entlassung aus dem Verteidigungsdienst aus Gewissensgründen) überprüft wird. Männern steht diese Möglichkeit nicht offen. Falls sie verweigern, werden sie verurteilt und inhaftiert. Die Gruppe *Forum zur Unterstützung der Kriegsdienstverweigerer* hat eine Kampagne gestartet, mit der Forderung, dass auch Männer vor der Einberufung die Anerkennung der Kriegsdienstverweigerung beantragen können.

Übersetzung aus dem Englischen: Franz Nadler

Ariel Levin

„Jetzt berate ich Kriegsdienstverweigerer"

Insbesondere über meine Aktivitäten in der Gruppe *Green Action* (Grüne Aktion) wurde ich mir politischer Zusammenhänge bewusst. Die Gruppe ist im ökologischen Bereich in Israel aktiv, setzt sich mit der Globalisierung auseinander und führt Protestaktionen durch.

Bei einer Aktion bauten wir in einer bewaldeten Gegend Stege von Baum zu Baum. So lange wir uns oben aufhielten, konnten die Bäume nicht gefällt werden, da wir sonst hinuntergefallen wären. Am Wochenende waren wir immerhin noch mit 150 Personen oben, aber dann mussten die anderen wieder zur Arbeit gehen. Zu wenige blieben dort – wir konnten deshalb nicht verhindern, dass der ganze Wald abgeholzt wurde. Diese Erfahrung hat mich sehr mitgenommen. Obwohl wir immer noch dazu aktiv sind, war die Kampagne eigentlich nicht erfolgreich.

Diese Aktion war politischer als sie auf den ersten Blick vielleicht aussieht: Die Strasse, für die der Wald abgeholzt wurde, ist eine Umgehungsstrasse für israelische Dörfer bzw. Städte; das dafür benötigte Land gehörte Palästinensern. Man hat ihnen das Land weggenommen und ihnen dafür Geld gegeben. Das geschah auch dann, wenn sie nicht damit einverstanden waren – was oft der Fall war. Schließlich ernteten sie dort seit Jahrhunderten ihre Oliven.

Über die Arbeit bei *Green Action* wurde mir deutlich, wie wichtig die Arbeit gegen Globalisierung ist, und welche schwerwiegenden Konsequenzen der Bau einer Strasse mit sich bringen kann. So erfuhr ich auch mehr von der Geschichte Israels. Da ich in Südafrika aufgewachsen bin, wusste ich bis dahin nur sehr wenig davon.

In Südafrika hatte ich niemals eine Waffe angerührt und kam nicht mit dem Militär in Berührung. In Israel ist das vollkommen anders: Man wächst schon von Kindheit an mit dem Gedanken auf, Soldat zu werden. Wenn die Kinder zum Schulbus gehen, sehen sie Soldaten und fragen ihre Mütter: „Mammi, Mammi, darf auch ich ein Held werden?" Von der Schule werden Ausflüge zu Militärausstellungen organisiert und zu Orten, an denen siegreiche Schlachten stattgefunden haben. Das Leben in drusischen Dörfern, der Alltag von Beduinen, die anderen Kulturen Israels interessieren dagegen nicht.

Alle meine Freunde sind in die Armee gegangen. Wir werden alle dazu gezwungen – ich aber verweigerte. Ein Grund war für mich die militaristische Erziehung in Israel. Meine Freunde verweigerten nicht. Ich diskutiere immer noch mit ihnen, in der Hoffnung, sie vielleicht doch noch zu überzeugen.

Ich sollte im August 2001 den dreijährigen Militärdienst antreten. Danach wäre noch ein jährlicher Reservedienst von je einem Monat bis zum 45. Lebensjahr gefolgt. Stattdessen saß ich fast zwei Monate im Gefängnis, weil ich aus Gewissensgründen den Kriegsdienst verweigert habe. Diese Lebenserfahrung möchte ich nicht missen. Die Armee stufte mich am Ende als *untauglich* ein, auch für den Reservedienst.

Es ist ein Jammer, dass die Jugendlichen zur Armee oder ins Gefängnis gehen müssen – aber das ist in Israel alltäglich. Ich möchte das ändern und bin deshalb zu *New Profile* (Neues Profil) gegangen, einer relativ neuen Bewegung, die Kriegsdienstverweigerer in Israel unterstützt. Sie haben auch mir geholfen. Jetzt berate ich Kriegsdienstverweigerer, die vor der Inhaftierung stehen und betreue sie, falls sie im Gefängnis sind.

Ab November kann ich hoffentlich im Projekt *WINDOWS* als Freiwilliger arbeiten. Diese Organisation bringt jüdische und arabische Kinder schon von klein auf im Anschluss an den Schulunterricht zusammen. So werden gegenseitige Vorurteile verhindert. Alle Kinder können sehen: Du bist ein Mensch, ich bin ein Mensch. Sie lernen, zusammen zu leben.

Als ich das erste Mal Araber traf, war ich freundlich zu ihnen und zugleich erstaunt, dass sie es ebenfalls waren. Israel steckt voller Vorurteile, auf allen Seiten. Frieden ist nur auf der Grundlage eines Dialogs möglich. Wir müssen uns für einen Frieden zwischen den vielen unterschiedlichen Kulturen einsetzen, auch wenn dies mühsam ist.

Davon sind wir aber noch weit entfernt. So werde ich als Kriegsdienstverweigerer von der israelischen Gesellschaft als Verräter angesehen. Die Bevölkerung lehnt die Kriegsdienstverweigerung ab, da sie daran glaubt, dass die Armee Israel nur verteidigt. Sie sehen sie als eine humane Einrichtung, die uns schützt und nichts besetzt hält. So sehen sie auch keine besetzten Gebiete, sondern betrachten sie als Teil von Israel.

Das zentrale Problem in Israel besteht darin, dass Kinder und Jugendliche mit dem Bewusstsein erzogen werden, dass die Juden schon immer da waren. Schon vor, aber erst recht während des Holocausts immigrierten die Menschen unter dem Motto „Ein Land ohne Volk für ein Volk ohne Land". Aber die arabische Bevölkerung war auch schon immer da gewesen. Sie haben vergessen, dass neben den Arabern lediglich einige Juden lebten – und haben der arabischen

Bevölkerung die Rechte genommen. Die israelische Jugend redet heute nur davon, dass man die Araber rauswerfen müsse. Alles gehöre uns – das macht mich ganz krank. So etwas zu hören ist noch viel schrecklicher als all das, was die israelische Armee tut.

Ariel Levin, Redebeitrag auf der Dreijahres-Konferenz der *War Resisters' International* (Internationale der KriegsgegnerInnen) in Dublin, Irland, 3.-9. August 2002.
Übersetzung: Franz Nadler

Dossier

Chronologie

Um 1880 lebten etwa 450.000 Menschen in Palästina, das Teil des Osmanischen Reiches war. Über 95 % der Bevölkerung bestand aus arabisch sprechenden Muslimen und Christen. Von 1845 bis 1914 wuchs die jüdische Bevölkerung von 12.000 auf 85.000 Menschen an. Grund dafür waren vor allem zahlreiche Pogrome in Russland.

1881 Pogrome gegen die jüdische Bevölkerung in Russland

1882 Beginn der organisierten Einwanderung nach Palästina (1. *Aliyah* – Einwanderungswelle)

1897 *1. Zionistischer Kongress* in Basel

1904 Nach erneuten Pogromen im zaristischen Russland wandern 35-40.000 Juden nach Palästina aus (2. *Aliyah*).

1907 Der *8. Zionistische Weltkongress* beschließt die Gründung eines Palästina-Amtes in Jaffa, mit dem Ziel, in Palästina einen jüdischen Staat zu gründen.

1909 Tel Aviv und der erste Kibbuz Degania werden gegründet.

1914 Der Erste Weltkrieg beginnt. Die Juden machen 13 % der Gesamtbevölkerung Palästinas aus.

1917/18 Britische Truppen erobern Palästina. Der britische Außenminister Balfour erklärt, dass die britische Regierung „die größten Anstrengungen unternehmen wird", um eine nationale Heimstätte für das jüdische Volk in Palästina zu errichten, „wobei nichts getan werden soll, was die bürgerlichen und religiösen Rechte und die politische Stellung nichtjüdischer Gemeinschaften in Palästina oder die Rechte und die politische Stellung der Juden in irgendeinem anderen Land beeinträchtigen könnte".

1919-23 Ca. 35.000 Juden, besonders aus Polen und Russland, wandern nach Palästina ein (3. *Aliyah*).

1920 England erhält vom Völkerbund das Palästina-Mandat. Erste Auseinandersetzungen zwischen Juden und Arabern in Jerusalem.

1924/25 Eine neue Welle jüdischer Einwanderer kommt vornehmlich aus Osteuropa nach Palästina (ca. 82.000; 4. *Aliyah*).

1929 Gründung der *Jewish Agency for Palestine* (Jüdisches Büro für Palästina), um die Interessen der in Palästina lebenden Juden gegenüber der britischen Mandatsregierung zu vertreten. Blutige Auseinandersetzungen zwischen Juden und Arabern finden in Jerusalem, Hebron, Safed und Jaffa statt.

1933 Nationalsozialistische Machtergreifung in Deutschland; wachsende Judenverfolgung. Bis 1939 fliehen ca. 250.000 Juden aus Mittel- und Osteuropa nach Palästina (5. *Aliyah*).

1935 Mit den *Nürnberger Gesetzen* werden den Juden in Deutschland die Bürgerrechte entzogen.

1936 Die arabische Bevölkerung widersetzt sich der britischen Mandatsmacht und der zionistischen Politik der Landnahme durch einen Generalstreik, der in einen bewaffneten Aufstand mündet und nach drei Jahren blutig niedergeschlagen wird.

1938 Reichspogromnacht gegen die jüdische Bevölkerung in Deutschland

1939 *Britisches Weißbuch*: Einschränkung der jüdischen Einwanderung nach Palästina und Verbot von Bodenkäufen

Überfall Deutschlands auf Polen; Beginn des 2. Weltkriegs

1941-45 Der nationalsozialistischen Verfolgungspolitik fallen etwa sechs Millionen Juden in Europa zum Opfer. Tausende von Juden aus Palästina kämpfen an der Seite Englands gegen das nationalsozialistische Deutschland.

1945 Ende des Zweiten Weltkrieges

Jüdische Untergrundorganisationen intensivieren ihren Kampf gegen die englische Mandatsmacht.

Gründung der *Arabischen Liga*

1946 Die zionistische Untergrundorganisation *Irgun Zwai Leumi* (Nationale Militärorganisation) verübt einen Sprengstoffanschlag auf das *King-David-Hotel* in Jerusalem, Sitz der britischen Mandatsverwaltung. Dabei gibt es 90 Tote.

1947 Die UN-Vollversammlung nimmt am 29. November als Resolution 181 den Plan zur Teilung Palästinas in einen jüdischen und einen arabischen Staat an. Er sieht die Internationalisierung Jerusalems vor und spricht dem jüdischen Staat 56,6% der Gesamtfläche Palästinas zu, was von den arabischen Staaten als ungerecht abgelehnt wird. Zwischen Arabern und Juden brechen noch am gleichen Tag Kämpfe aus, die seit 1939 geruht hatten.

1948 Jüdische Siedlungen werden von militanten Palästinensern angegriffen. Am 9. April wird das arabische Dorf

Dir Yassin von rechtszionistischen Kampforganisationen zerstört, die Bewohner werden massakriert – für die palästinensische Bevölkerung das Fanal der Flucht und Vertreibung. Die britische Mandatsregierung weigert sich einzuschreiten, weil sie möglichst schnell das Land räumen will.

Einen Tag vor Ablauf des britischen Mandats wird am 14. Mai der Staat Israel proklamiert. Am Tag danach greifen die Armeen Ägyptens, Jordaniens, des Irak, Syriens und des Libanon Israel an und unterstützen arabische Untergrundkämpfer. In dem folgenden Krieg erweitert Israel das ihm von der UN im Teilungsplan zugesprochene Gebiet von ca. 15.000 km^2 auf 20.700 km^2.

Resolution 194 der UN-Generalversammlung, in der als Grundlage für eine Konfliktlösung die Internationalisierung Jerusalems und die Rückkehr oder Entschädigung der palästinensischen Flüchtlinge gefordert wird.

1949 Es werden Waffenstillstandsverträge zwischen Israel und den Anrainerstaaten unterzeichnet. Das Westjordanland (Westbank) war von Jordanien besetzt worden, der Gaza-Streifen wird unter ägyptische Militärverwaltung gestellt. Jerusalem wird zu einer geteilten Stadt. Israel kontrolliert jetzt ca. zwei Drittel Palästinas. Das Gebiet entspricht der Fläche des heutigen Kernlandes Israel (ohne Gaza-Streifen und Westbank sowie ohne die annektierten Golanhöhen). Etwa 700.000 palästinensische Araber (von 1,3 Millionen) wurden während des Krieges zu Flüchtlingen.

1950 Das Westjordanland wird von Jordanien annektiert. Am 9. Juli sperrt Ägypten den Suez-Kanal für Schiffe mit für Israel kriegswichtigen Gütern.

1956 Am 26. Juli verstaatlicht der ägyptische Staatspräsident Nasser die *Suez-Kanal-Gesellschaft*. Am 29. Oktober greift Israel mit Briten und Franzosen Ägypten an und dringt bis zur Suezkanal-Zone vor.

Bei einem Massaker der israelischen Armee werden im arabischen Dorf Kufr Kassem fünfzig Zivilisten auf Befehl eines Offiziers niedergeschossen. Dies Ereignis war der Anlass für ein Gesetz, welches israelische Soldaten ausdrücklich verpflichtet, sich der Ausführung eines offensichtlich nicht rechtmäßigen Befehls zu widersetzen.

Am 6./7. November werden aufgrund der Intervention der Großmächte USA und UdSSR die Kampfhandlungen eingestellt. Israel räumt seine letzten Stellungen im Mai 1957.

1964 In Ost-Jerusalem tagt der *1. Palästinensische Nationalkongress* und beschließt die Gründung der *Palästinensischen Befreiungsorganisation* PLO, ein Dachverband politischer und militärischer palästinensischer Gruppierungen, die die Befreiung Palästinas und die Errichtung eines unabhängigen Staates zum Ziel haben. Ihr gehören Berufs-, Arbeitnehmer- und Studentenverbände an, wie auch die *Fedajin*, die *Volksfront zur Befreiung Palästinas* (PLFP) unter George Habasch und die von Arafat mitgegründete *Al-Fatah*.

1965 Arafats *Al-Fatah* führt ihre erste militärische Operation gegen Israel durch.

Gruppen der *Fedajin* verüben vor allem von Jordanien aus Guerillaoperationen in Israel. Die israelische Armee antwortet mit einer Vergeltungsaktion gegen das in Jordanien liegende Dorf Samua, was palästinensische Demonstrationen gegen das jordanische Regime im Westjordanland auslöst.

1967 Am 22. Mai sperrt Ägypten die Straße von Tirana und damit den Golf von Akaba für israelische Schiffe. Während des Sechs-Tage-Krieges, vom 5.-10. Juni, erobert Israel die syrischen Golanhöhen, Westjordanland und die Altstadt von Jerusalem sowie die Halbinsel Sinai bis zum Suez-Kanal und den Gaza-Streifen. Am 1. September beschließt die *Arabische Gipfelkonferenz* die drei *Nein* von Khartum: Kein Friede, keine Anerkennung Israels, keine Verhandlungen.

Am 22. November verabschiedet der UN-Sicherheitsrat die Resolution 242, in der der Rückzug der israelischen Streitkräfte aus den besetzten Gebieten, die gegenseitige Respektierung der Staaten und deren Recht, in Frieden innerhalb sicherer und anerkannter Grenzen frei von Drohungen oder Gewaltakten zu leben sowie eine gerechte Regelung des Flüchtlingsproblems gefordert wird.

1969 Jasir Arafat, führendes Mitglied von *Al-Fatah* wird zum Führer der PLO gewählt.

1970 Bürgerkrieg in Jordanien zwischen dem jordanischen *haschemitischen* Regime und den *Fedajin*; die *Fedajin* und mit ihr die PLO werden in den Libanon vertrieben (*Schwarzer September*).

1972 Am 5. September überfällt ein Kommando der PLFP die israelische Olympia-Mannschaft in München. Es kommen 17 Menschen ums Leben. Für diesen Anschlag lehnt die PLO die Verantwortung ab.

1973 Am 6. Oktober, dem jüdischen Versöhnungsfest (*Yom Kippur*) greifen ägyptische und syrische Truppen Israel an. Am 17. Oktober beschließen die erdölexportierenden Länder (OPEC), das Erdöl als politische Waffe einzusetzen, um Israel zu einem Rückzug aus den besetzten Gebieten zu zwingen. Die arabischen Staaten verhängen einen Öl-Boykott über viele westliche Staaten (*Ölkrise*).

Am 22. Oktober wird die Resolution 338 des UN-Sicherheitsrates verabschiedet. Sie verlangt neben der sofortigen Feuereinstellung die Verwirklichung der Resolution 242 und Verhandlungen zwischen den am Krieg beteiligten Parteien. Beginn der Nahost-Pendeldiplomatie des amerikanischen Außenministers Kissinger, der ein ägyptisch-israelisches und ein syrisch-israelisches (Januar und Mai 1974) Truppenentflechtungsabkommen vermittelt.

1974 Auf der *Arabischen Gipfelkonferenz* in Rabat wird der PLO das Recht zugesprochen, als einzig legitime Vertreterin des palästinensischen Volkes die souveräne Herrschaft über die besetzten Gebiete zu beanspruchen. Am 13. November redet PLO-Führer Arafat vor der UN-Vollversammlung in New York.

1975 Im April beginnt im Libanon der Bürgerkrieg.

1977 Im Juni übernimmt in Israel erstmals die nationalistische Opposition unter Menachem Begin die Regierung. Vom 19. bis 21. November besucht der ägyptische Präsident Anwar as-Sadat Israel.

1978 Die israelische Friedensorganisation *Peace Now* (Frieden jetzt) wird gegründet.

Am 17. September schließen Israel und Ägypten das Camp-David-Abkommen, das auf die Resolution 242 des UN-Sicherheitsrates für eine Gesamtlösung im Nahen Osten verweist und den Abschluss eines Friedensvertrages zwischen beiden Ländern vorsieht.

1979 Israel und Ägypten unterzeichnen einen Friedensvertrag. Bis 1982 räumt Israel stufenweise die Sinai-Halbinsel.

1980 In der *Erklärung von Venedig* spricht sich die Europäische Gemeinschaft für die Anerkennung des Selbstbestimmungsrechtes der Palästinenser und die Forderung aus, die PLO an Friedensverhandlungen zu beteiligen. Am 30. Juli annektiert das israelische Parlament durch Gesetz Ost-Jerusalem und erklärt es zur „ewig ungeteilten Hauptstadt".

1981 Am 14. Dezember annektiert Israel die 1967 eroberten syrischen Golan-Höhen.

1982 Israelische Truppen dringen nach dem 6. Juni 1982 bis Beirut vor. Ziel des Feldzuges ist die militärische Zerschlagung der PLO. Sie belagern Beirut und zwingen die PLO zum Abzug. Die PLO verlegt ihr Hauptquartier nach Tunis.

Friedensdemonstration in Israel: 400.000 TeilnehmerInnen wenden sich gegen den Libanonkrieg.

16. bis 18. September: Massaker in den palästinensischen Flüchtlingslagern Sabra und Shatila durch christliche Milizen (etwa 1.000 Tote). Die israelische Armee unter Verteidigungsminister Ariel Sharon lässt sie gewähren.

Reservisten gründen die Organisation *Yesh Gvul* (Es gibt eine Grenze) und verweigern den Dienst im Libanon, später auch in den besetzten Gebieten. 160 von ihnen wurden inhaftiert.

1985 Im Juni schließt Israel seinen Truppenrückzug aus dem Libanon ab, hält aber eine etwa zehn Kilometer breite Sicherheitszone im Süden des Libanon besetzt.

1987 Am 9. Dezember Beginn der ersten Intifada (Aufstand) der Palästinenser. Israel reagiert mit der Schließung von Universitäten, mit Deportierungen, Wirtschaftssanktionen und einer Ausweitung des Siedlungsprogramms in den besetzten Gebieten. Zwischen 1987 und 1993 werden etwa 2.200 Palästinenser und 200 Israelis getötet, 27.000 Menschen werden verletzt.

1988 Im August erklärt der jordanische König Hussein den Verzicht auf das Westjordanland (Westbank).

Am 15. November proklamiert der *Palästinensische Nationalrat* in Algier den Staat Palästina.

Am 13. Dezember bekräftigt Arafat vor den Vereinten Nationen in Genf „den völligen Verzicht auf Terrorismus" und erkennt das Recht Israels an, „in Frieden und Sicherheit zu leben".

Zum ersten Mal tritt die *Hamas* öffentlich in Erscheinung und ruft zu Aktionen im Rahmen der Intifada auf.

1990 Am 3. August besetzt der Irak Kuwait.

1991 Nach Ablauf des UN-Ultimatums führt eine westliche Militärallianz Krieg gegen den Irak, um die irakische Besetzung Kuwaits zu beenden.

Ab 18. Januar greift der Irak Israel mit Scud-Raketen an.

Am 30. Oktober wird in Madrid die Nahost-Friedenskonferenz eröffnet.

1992 Nach den israelischen Parlamentswahlen am 23. Juni wird der Vorsitzende der *Arbeitspartei*, Itzhak Rabin, Ministerpräsident.

17. Dezember: Zwangsexilierung von 415 Anhängern der islamistischen *Hamas* als Reaktion auf eine Serie von Mordanschlägen. Die PLO setzt daraufhin die Teilnahme bei der achten Runde der Nahost-Friedensgespräche aus.

1993 Am 9. September einigen sich Israel und die PLO über die gegenseitige Anerkennung. Am 13. September wird in Washington das Oslo-Abkommen (*Grundlagenerklärung*) unterzeichnet. Es sieht im Wesentlichen einen Zeitraum von fünf Jahren vor für eine „umfassende Friedensregelung sowie eine historische Aussöhnung". In den folgenden Verhandlungen sollen die „verbleibenden Fragen, darunter Jerusalem, Flüchtlinge, Siedlungen, Sicherheitsregelungen, Grenzen" geklärt werden. Historischer Handschlag zwischen Arafat und Rabin bei der Unterzeichnungszeremonie.

1994 Am 4. Mai Unterzeichnung des Oslo-I-Abkommens, das den Palästinensern eine teilweise Autonomie in der Stadt Jericho und dem Gaza-Streifen gewährt.

Ende Oktober Wirtschaftskonferenz unter Beteiligung einer israelischen Delegation in Casablanca.

1995 Im September Unterzeichnung des Oslo-II-Abkommens (*Interimsabkommen*), das Regelungen über den Autonomiestatus in den besetzten Gebieten, über den Zeitplan des Rückzuges der israelischen Armee und über die Wahlen zum *Palästinensischen Selbstverwaltungsrat* festlegt. Die PLFP, die 1974 aus der PLO austrat, und andere Organisationen lehnen den Vertrag ab und verüben Anschläge gegen Israelis.

Am 4. November fällt der israelische Premierminister Itzhak Rabin einem Attentat eines radikalen Siedlers zum Opfer.

1996 Bei der Wahl des *Palästinensischen Selbstverwaltungsrates*, Parlament des autonomen Palästina, erhalten die *Fatah* und ihr nahestehende Parteien 80% der abgegebenen Stimmen. Am 20. Januar wird Arafat zum Vorsitzenden der *Palästinensischen Autonomiebehörde* gewählt.

Zwischen dem 25. Februar und dem 5. März wird Israel durch eine Serie von vier Selbstmordattentaten erschüttert.

Am 29. Mai wird Benjamin Netanjahu zum israelischen Ministerpräsidenten gewählt.

Israel lässt unterhalb des Tempelberges einen Touristentunnel öffnen. Der Tempelberg ist sowohl für das Judentum, wie auch für den Islam ein heiliger Ort. Im Arabischen heißt der Platz Haram el-Sharif und beherbergt unter anderem die Al-Aksa-Moschee. Nach der Öffnung des Tunnels gibt es bewaffnete Auseinandersetzungen zwischen israelischen und palästinensischen Sicherheitskräften. 15 israelische Soldaten und 70 Palästinenser kommen dabei um.

1997 Am 15. Januar wird das Abkommen über die Teilräumung Hebrons und die Räumung weiterer Gebiete der Westbank unterzeichnet.

1998 Am 23. Oktober wird das *Wye-River-Abkommen* unterzeichnet, das die zwischenzeitlich ausgesetzte Implementierung des Oslo-II-Abkommens vorsah.

1999 Ehud Barak gewinnt am 17. Mai die Wahl für die *Arbeitspartei*. Im Dezember werden die israelisch-syrischen Verhandlungen wieder aufgenommen.

2000 Im März bleiben Gespräche zwischen US-Präsident Clinton und dem syrischen Präsidenten Hafis al-Assad ohne Ergebnis.

Die Verhandlungen in Camp David im Juli bringen keine Einigung zwischen Ehud Barak und Jasir Arafat. US-Präsident Clinton weist die Schuld Arafat zu.

Am 28. September besucht der Chef der israelischen Rechten, Ariel Sharon, den Tempelberg. Der Besuch Sharons löst gewalttätige Auseinandersetzungen aus, die schnell auf die Westbank und den Gaza-Streifen übergreifen. Innerhalb von zwei Wochen gibt es mehrere Tote auf israelischer Seite, über 100 auf der palästinensischen.

Anfang Oktober werden dreizehn unbewaffnete israelisch-arabische Jugendliche von der Polizei im israelischen Kernland erschossen, als sie für ihre Solidarität mit der palästinensischen Al-Aksa-Intifada demonstrieren.

Im Oktober beschließt der UN-Sicherheitsrat die Resolution 1322, in der er „die Provokation vom 28. September und die nachfolgenden Gewaltakte dort und an anderen Orten verurteilt" sowie den sofortigen Stopp von Gewaltakten und die Wiederaufnahme der Verhandlungen fordert.

In Ramallah werden zwei israelische Soldaten gelyncht. Israel antwortet mit Bombenangriffen auf Einrichtungen der *Palästinensischen Autonomiebehörde.*

Dezember: Rücktritt des israelischen Ministerpräsidenten Ehud Barak.

2001 Januar: Ein weiterer Versuch, in israelisch-palästinensischen Verhandlungen eine endgültige Friedensregelung zu treffen, scheitert im ägyptischen Taba.

Februar: Wahl des konservativen *Likud*-Vorsitzenden Ariel Sharon zum israelischen Ministerpräsidenten. Die *Hamas* und *Islamischer Djihad* setzen die Anschläge und Selbstmordattentate fort.

April: In der Westbank dringen israelische Soldaten zum ersten Mal seit Abschluss des Oslo-II-Abkommens von 1995 in die autonomen Gebiete ein (Zone A).

Juni und Juli: Selbstmordattentate in Israel; Zerstörung palästinensischer Häuser durch die Armee. Nachdem die Autonomiebehörde Palästinenser nicht ausliefert, die von Israel terroristischer Aktivitäten verdächtigt werden, erklärt die israelische Regierung, dass sie diese gezielt liquidieren werde. In den folgenden Monaten sterben zahlreiche Menschen bei solchen Liquidierungsaktionen.

August: Auf wiederholte Selbstmordattentate reagiert die israelische Armee mit dem Beschuss palästinensischer Einrichtungen.
62 Schüler und Schülerinnen erklären in einem *Offenen Brief* ihre Weigerung, „an Aktionen teilzunehmen, die das palästinensische Volk unterdrückt".

September: Am 11. September werden Anschläge auf das *World-Trade-Center* in New York und das *Pentagon* in Washington verübt, die über 3.000 Opfer fordern.

Oktober: Palästinensische Extremisten ermorden den israelischen Tourismusminister Rechawam Seewi. Alle israelisch-palästinensischen Gespräche werden abgebrochen. Israel besetzt die unter palästinensischer Verwaltung stehenden Städte Bethlehem, Tulkarem und Kalkilja und riegelt andere Städte ab.

Dezember: Nach weiteren Selbstmordanschlägen verhängt die israelische Armee eine vollständige Blockade über sämtliche palästinensischen Städte und Dörfer. Truppen belagern das Gebäude, in dem sich Arafat aufhält. Er wird quasi unter Hausarrest gestellt.

2002 Januar: Das israelische Militär zieht sich aus den autonomen Gebieten Ramallah und Dschenin zurück.
52 Reservisten und Soldaten erklären in einem *Offenen Brief*, dass sie sich weigern, „jenseits der Grenzen von 1967 zu kämpfen, um ein ganzes Volk zu beherrschen, zu vertreiben, zu entwürdigen oder es hungern zu lassen". Bis Oktober 2002 schließen sich über 400 weitere Soldaten und Reservisten der Erklärung an.

Februar: Selbstmordattentate von Palästinensern und israelische *Vergeltungsschläge* erreichen einen neuen Höhepunkt. Die israelische Armee rückt mit Panzern in zwischenzeitlich geräumte autonome Gebiete (Ramallah) ein.
Der saudische Kronprinz Abdullah bietet die Anerkennung Israels durch die arabischen Staaten gegen Rückzug Israels aus den seit 1967 besetzten Gebieten an.

März: Zunahme palästinensischer Selbstmordanschläge. Einmarsch der israelischen Armee in Nablus, Dschenin, Ramallah und Bethlehem.
Der arabische Gipfel in Beirut nimmt den saudischen Friedensplan einstimmig an.

April: Die letzten palästinensischen Kämpfer in Dschenin ergeben sich. Teilrückzug der israelischen Armee. Der UN-Sicherheitsrat beschließt die Einsetzung einer Kommission, um zu klären, ob es beim Militäreinsatz in Dschenin zu Massakern durch die israelische Armee gekommen ist. Israel verweigert der Kommission die Einreise.

Mai: Weitere Selbstmordattentate durch palästinensische Gruppen und Kämpfe in den besetzten Gebieten.
Die Belagerung von Arafats Hauptquartier wird aufgehoben.

Mehrere Zehntausend Menschen demonstrieren in Tel Aviv für einen Rückzug Israels aus den 1967 besetzten Gebieten.
Jasir Arafat unterzeichnet nach jahrelanger Verzögerung die vom *Palästinensischen Selbstverwaltungsrat* erarbeitete Verfassung.

Juni: Das israelische Kabinett beschließt die Errichtung eines Grenzzaunes entlang der Grenze von 1967.
Weit über tausend Persönlichkeiten aus Palästina unterzeichnen einen Appell zur Beendigung der Selbstmordattentate, der am 17. Juni erstmals veröffentlicht wird.

Juli: Die Selbstmordattentate und Anschläge gegen israelische Ziele werden fortgesetzt; ebenso Aktionen des israelischen Militärs in den besetzten Gebieten.

August: Das *Forum in Support of Conscientious Objectors* (Unterstützungsforum für Kriegsdienstverweigerer) gibt bekannt, dass seit Beginn der Intifada etwa 1.000 Reservisten, Soldaten und Wehrpflichtige ihre (selektive) Kriegsdienstverweigerung erklärt haben.

September: Durch die Intifada herrscht in Israel und Palästina eine schwere Wirtschaftskrise. Daneben ist auch ein enormer Anstieg der Ausgaben für Militär und Sicherheit in Israel zu verzeichnen. Die Kosten des Krieges belaufen sich auf 800 Millionen Schekel (170 Millionen €) pro Monat.
Die als unabhängig geltende israelische Menschenrechtsorganisation *B'tselem* erklärt, dass während der Al-Aksa-Intifada bis Ende August 2002 über 2.000 Menschen getötet wurden. Etwa 1.500 Palästinenser und Palästinenserinnen wurden durch israelische Sicherheitskräfte getötet, unter ihnen 250 Minderjährige. 79 der Opfer starben bei gezielten Liquidierungsaktionen der israelischen Armee, die auch 32 weitere Personen trafen. Von Palästinensern wurden insgesamt etwa 570 Israelis getötet, 390 israelische Zivilisten, unter ihnen 72 Minderjährige; zudem 173 Angehörige der Sicherheitskräfte. Des weiteren gibt die Organisation an, dass 42 Palästinenser von Palästinensern ermordet wurden, weil sie der Kollaboration bezichtigt wurden.

Die Zusammenstellung erfolgte auf Grundlage der Chronologie des Deutsch-Israelischen Arbeitskreises (DIAK): Kleine Geschichte des israelisch-palästinensischen Konfliktes. Wochenschau-Verlag, Schwalbach, 1997

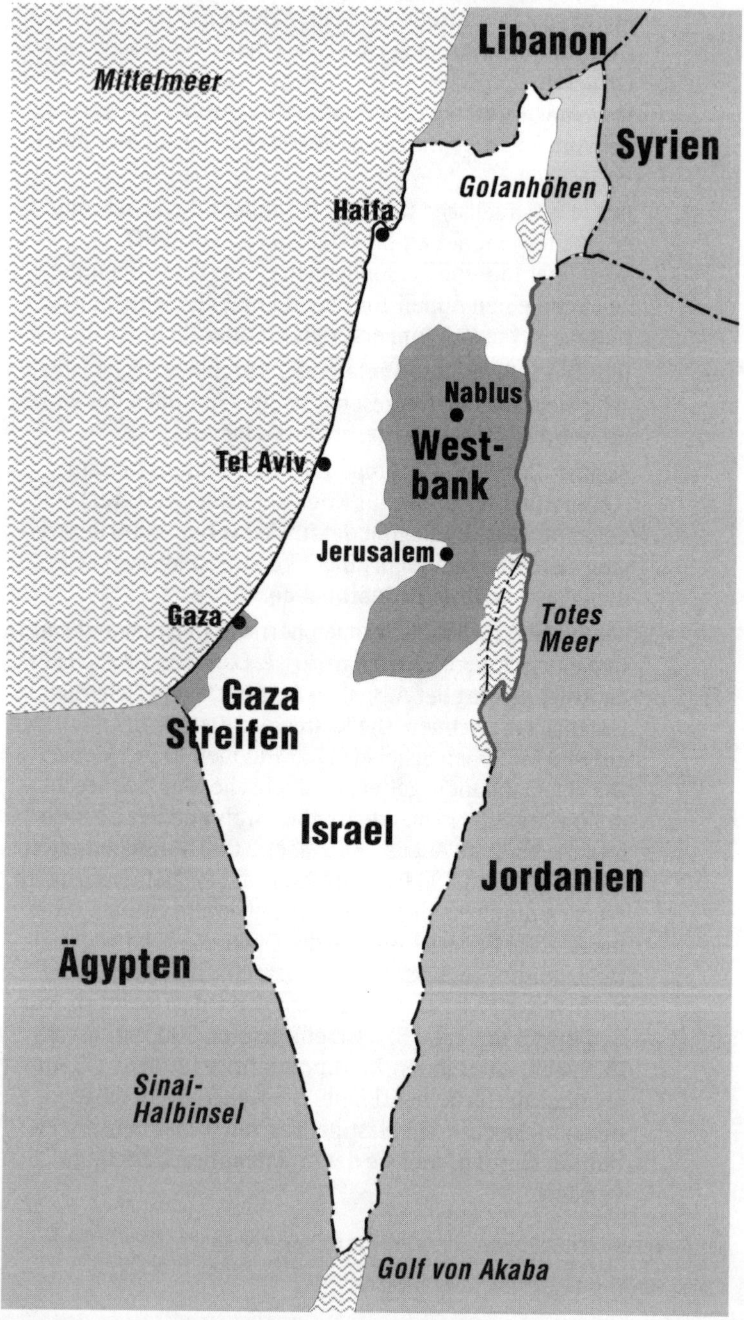
Libanon
Mittelmeer
Syrien
Golanhöhen
Haifa
Nablus
West-
bank
Tel Aviv
Jerusalem
Gaza
Totes
Meer
Gaza
Streifen
Israel
Jordanien
Ägypten
Sinai-
Halbinsel
Golf von Akaba

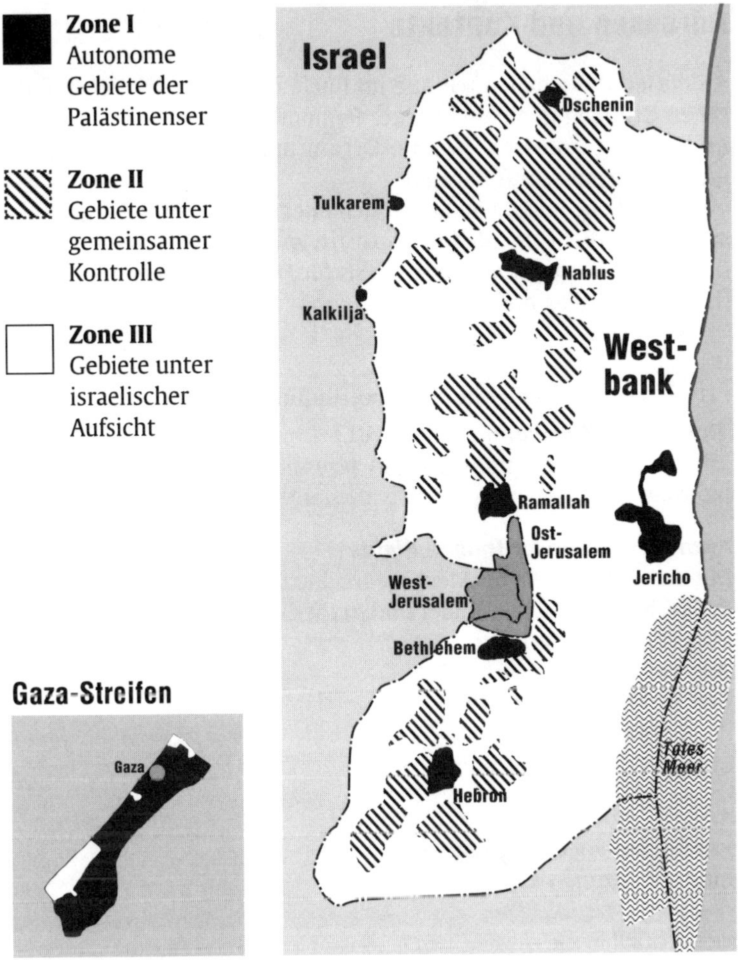

Das Oslo-II-Abkommen wurde am 28.9.1995 in Washington unterzeichnet. Es enthält neben dem Vertragstext acht Landkarten, die den Gaza-Streifen definieren und die Westbank in drei Zonen unterteilen. Sie ergeben einen Flickenteppich selbstverwalteter Gebiete.

Die erste Zone umfasst die Städte Dschenin, Nablus, Tulkarem, Kallkilja, Ramallah, Bethlehem, Hebron und Jericho. Die zweite Zone umfasst fast alle palästinensischen Dörfer. In diesen beiden Zonen, die ein Drittel des Territoriums ausmachen, leben 90 % der palästinensischen Bevölkerung der Westbank. Über die dritte Zone behält Israel die uneingeschränkte Kontrolle.

Adressen und Kontakte

An dieser Stelle haben wir alle im Buch erwähnten friedenspolitischen Gruppen in alphabetischer Reihenfolge aufgelistet – ergänzt durch einige Adressen weiterer Organisationen. Nicht bei allen ist uns eine Postanschrift bekannt.

Zusätzliche Initiativen lassen sich über die Linksammlungen beispielsweise bei *Gush Shalom* (http://www.gush-shalom.org) oder dem *Deutsch-Israelischen Arbeitskreis für Frieden im Nahen Osten e.V.* (http://www.diak.org) finden.

Friedens- und Menschenrechtsgruppen in Israel

Alternative Information Center (AIC)
Alternatives Informationszentrum, Jerusalem/Bethlehem
Internet: http://www.alternativenews.org/

Arab Association for Human Rights
Der arabische Verein für Menschenrechte thematisiert
die Rechte israelischer Araber und Araberinnen
POB 215, Nazareth 16101
Tel.: ++972/(0)6/6561923
Fax: ++972/(0)6/6564934
Email: hra1@arabhra.org
Internet: http://www.arabhra.org/

Ariga
Israelisches Friedensnetzwerk
Internet: http://www.ariga.com/

Bat Shalom
Feministisches Zentrum für Frieden und soziale Gerechtigkeit
POB 8083, Jerusalem 91080
Tel.: ++972/(0)2/5631477, Fax: ++972/(0)2/5617983
Email: batshalom@netvision.net.il
Internet: http://www.batshalom.org/2002/1.htm

B'tselem
Wichtigste israelisch-palästinensische Menschenrechtsorganisation
8 HaTa'asiya St., 4th Floor, Jerusalem 93420
Tel.: ++972/(0)2/6735599, Fax: ++972/(0)2/6749111
Email: mail@btselem.org
Internet: http://www.btselem.org/

Challenge
Magazin zum israelisch-palästinensischen Konflikt
POB 41199, Jaffa 61411
Internet: http://www.hanitzotz.com/challenge

Coalition of Women for a Just Peace
Bewegung der Frauen für einen gerechten Frieden
POB 8083, Jerusalem 91080
Tel: ++972/(0)2/6725293, Fax: ++972/(0)2/6725293
Email: info@coalitionofwomen4peace.org
Internet: http://www.coalitionofwomen4peace.org/

Courage to Refuse
Mut zum Verweigern-Kampagne
Internet: http://www.seruv.org.il/defaulteng.asp

Forum in Support of Conscientious Objectors
Unterstützungsforum für Kriegsdienstverweigerer
Email: matzpoon@yahoo.com
Internet: http://www.hanitzotz.com/challenge/

Gush Shalom
Friedensblock
POB 2233, Tel Aviv
Tel: ++972/(0)3/5590321, Fax: ++972/(0)3/5271108
Email: info@gush-shalom.org
Internet: http://www.gush-shalom.org

Israeli Coalition Against House Demolition
Israelische Koalition gegen Hauszerstörungen
POB 2030, Jerusalem 91020
Tel.: ++972/(0)2/6245560, Fax: ++972/(0)2/6221530
Email: info@icahd.org, Internet: http://www.icahd.org/eng/

Movement of Democratic Women in Israel (TANDI)
Bewegung der demokratischen Frauen in Israel
POB 29501, Tel Aviv
Fax: ++972/(0)3/6824499

New Profile
Feministische Friedensplattform,
setzt sich für Kriegsdienstverweigerer ein
POB 48005, Tel Aviv 61480
Email: ghiller@haogen.org.il
Internet: http://www.newprofile.org

Peace Now
Frieden jetzt – größte israelische Friedensorganisation
POB, Tel Aviv
Tel.: ++972/(0)3/55663291, Fax: ++972/(0)3/5663286
Email: info@peacenow.org.il
Internet: http://www.peacenow.org.il/English.asp

Rabbis for Human Rights
Rabbis für Menschenrechte
Yitzhak Elhanan 2, Jerusalem 92141
Tel.: ++972/(0)2/5637731, Fax: ++972/(0)2/5662815
Email: info@rhr.israel.net
Internet: http://www.rhr.israel.net/

Ta'ayush
Jüdisch-arabische Partnerschaft
POB 59380, Tel-Aviv
Email: arab_jewish@hotmail.com
Internet: http://taayush.tripod.com/taayush.html

The Other Israel
Magazin für einen israelisch-palästinensischen Frieden
POB 2542, Holon 58125
Tel. + Fax: ++972/(0)3/5565804
E-Mail: otherisr@actcom.co.il
Internet: http://members.tripod.com/~other_israel/

Women in Black
Frauen in Schwarz
POB 8083, Jerusalem 91080
Tel. + Fax: ++972/(0)26725293
Email: gsvirsky@netvision.net.il
Internet: http://www.geocities.com/EndTheOccupation/

Yesh Gvul
Es gibt eine Grenze, Organisation selektiver Verweigerer
POB 6953, Jerusalem 91068
Tel.: ++972/(0)2/6250271, Fax: ++972/(0)2/6434171
Email: peretz@yesh-gvul.org
Internet: http://www.yesh-gvul.org/english.html

Friedens- und Menschenrechtsgruppen in Palästina

Alternative Information Center (AIC)
Alternatives Informationszentrum, Jerusalem/Bethlehem
Internet: http://www.alternativenews.org/

Hanthala Palestine
Neue palästinensische Menschenrechtsorganisation
Email: hanthala@usa.net
Internet: http://hanthala.virtualave.net/

LAW
Palästinensische Gesellschaft für den Schutz
der Menschenrechte und der Umwelt
POB 20873, Jerusalem
Tel.: ++972/(0)2/5833430, Fax: ++972/(0)2/5833317
Email: law@lawsociety.org
Internet: http://www.lawsociety.org/

Israel-Palestine Center for Research and Information (IPCRI)
Israelisch-palästinensisches Informationszentrum
POB 9321, Jerusalem 91092
Tel.: ++972/(0)2/6769460, Fax: ++972/(0)2/6768011
Email: ipcri@ipcri.org
Internet: http://www.ipcri.org/index1.html

Palestinian Center for Peace and Democracy (PCPD)
Palästinensisches Zentrum für Frieden und Demokratie
POB 25166, Shu'fat, Jerusalem
Tel.: ++972/(0)2/5747271, Fax: ++972/(0)2/5747283
Email: pcpd@netvision.net.il
Internet: http://www.arts.mcgill.ca/MEPP/ngoproject/pcpd.html

The Palestinian Human Rights Monitoring Group (PHRMG)
Palästinensische Menschenrechtsgruppe
POB 19918, East Jerusalem 91198
Tel.: ++972/(0)2/5823372, Fax: ++972/(0)2/5823385
Email: admin@phrmg.org
Internet: http://www.phrmg.org/

Wi'am
Zentrum für zivile Konfliktbearbeitung
POB 1039, Bethlehem, Westbank
Email: alaslah@planet.edu
Internet: http://www.planet.edu/~alaslah/

Zu den Autorinnen und Autoren

Rotem Avgar besucht die 11. Klasse in Giv'atayim. Sie ist Kriegsdienstverweigerin und Mitglied des *Forum in Support of Conscientious Objectors* (Forum zur Unterstützung der Kriegsdienstverweigerer).

Uri Avnery ist israelischer Publizist und Friedens-Aktivist und erhielt 2001 als Gründer von *Gush Shalom* den alternativen Friedensnobelpreis. Er wurde 1923 als Helmut Ostermann im westfälischen Beckum geboren. Nach der Machtergreifung der Nazis wanderte er 1933 mit der Familie nach Palästina aus. Seit 1948 setzt er sich für die autonome Existenz eines palästinensischen Staates neben Israel ein.

Rudi Friedrich ist Maurer und Soziologe. Seit 1993 ist er Geschäftsführer für *Connection e.V.* in Offenbach. Der Verein unterstützt Kriegsdienstverweigerer und Deserteure aus Kriegsgebieten. *Connection e.V.* erhielt 1996 den *Aachener Friedenspreis* und 2001 den *Siegmund-Schultze-Förderpreis*.

Guy Grossman ist Leutnant der israelischen Reserve. Er war der elfte Unterzeichner des Aufrufes *Courage to Refuse* (Mut zur Verweigerung) und ist aktives Mitglied der Gruppe.

Endy Hagen lebt in Berlin. Sie beschäftigt sich mit Antisemitismus sowie dem Nahostkonflikt und seiner Geschichte. Sie steht in Kontakt mit Basis- und Friedensinitiativen in Israel und hat verschiedene Texte zur Kriegsdienstverweigerung in Israel veröffentlicht.

Itai Haviv ist Hauptmann der Reserve und Unterzeichner des Briefes *Courage to Refuse* (Mut zum Verweigern).

Reuven Kaminer ist langjähriger Friedensaktivist und Mitglied von *Peace Now*. Er veröffentlichte 1995 das Buch *The Politics of Protest: The Israeli Peace Movement and the Palestinian Intifada*. Reuven Kaminer lebt in Jerusalem.

Uta Klein, Soziologin, Professorin an der Fachhochschule Kiel, arbeitet seit langem mit israelischen und palästinensischen Gruppen, Kollegen und Kolleginnen zusammen, ist Vorstandsmitglied des *Deutsch-Israelischen Arbeitskreises für Frieden im Nahen Osten* (DIAK) und Mitgründerin von *Projekt Freundschaft Birzeit-Münster*. Letzte Veröffentlichungen: *Militär und Geschlecht in Israel*, Frankfurt 2001; *Gewaltspirale ohne Ende – Konfliktstrukturen und Friedenschancen im Nahen Osten*, hrsg. zusammen mit D. Thränhardt, Schwalbach 2002. Ende 2002 erscheint *Die palästinensische Bevölkerung in Israel*, Schwalbach.

Ariel Levin wurde in Südafrika geboren und lebt in Israel. Er wurde zum 12. August 2001 in die israelische Armee einberufen und übergab in der Kaserne seine Erklärung zur Kriegsdienstverweigerung. Die Armee inhaftierte ihn zwei Mal wegen *Befehlsverweigerung* zu insgesamt sechs Wochen. Im Anschluss entließ sie ihn wegen *Untauglichkeit*.

Rafik Schami wurde 1946 in Damaskus geboren, studierte Chemie und promovierte in diesem Fach. Heute zählt er zu den erfolgreichsten Autoren in deutscher Sprache. Sein Werk ist in 22 Sprachen erschienen.

Prof. Dr. Moshe Zuckermann ist Direktor des Instituts für Deutsche Geschichte der Universität Tel Aviv und lehrt am *Cohn Institute for the History and Philosophy of Science and Ideas*. Deutschsprachige Veröffentlichungen sind unter anderem: *Gedenken und Kulturindustrie*, Berlin und Bodenheim 1999; *Zweierlei Holocaust – Der Holocaust in den politischen Kulturen Israels und Deutschlands*, Göttingen 1998; *Kunst und Publikum – Das Kunstwerk im Zeitalter seiner gesellschaftlichen Hintergehbarkeit*, Göttingen 2002.

Subhi al-Zobaidi wurde in Jerusalem geboren und wuchs in einem Flüchtlingslager auf. Danach war er elf Jahre lang in New York City beheimatet. Subhi al-Zobaidi lebt jetzt als Filmemacher in Ramallah.

Connection e.V.

ausgezeichnet durch den *Aachener Friedenspreis 1996*
und den *Siegmund-Schultze Förderpreis 2001*

Menschen, die gegen Krieg arbeiten, brauchen Verbindungen

In vielen Ländern werden Menschen für den Krieg zwangsweise rekrutiert. Verweigerer werden diskriminiert und verfolgt. Connection e.V. tritt auf internationaler Ebene für ein umfassendes Recht auf Kriegsdienstverweigerung ein und arbeitet mit Initiativen zusammen, die sich gegen Krieg, Militär und Wehrpflicht engagieren. Es bestehen Kontakte zu Gruppen in Europa, der Türkei, Israel, Algerien, Lateinamerika und Afrika.

Die prekäre Situation im Herkunftsland zwingt viele Kriegsdienstverweigerer zur Flucht. Die Verweigerung wird jedoch zumeist nicht als Asylgrund anerkannt. Connection e.V. fordert Asyl für Kriegsdienstverweigerer aus Kriegsgebieten. Der Verein bietet Flüchtlingen Beratung und Information an. Er setzt sich für die Selbstorganisation von Flüchtlingen ein.

Kampagnen

Connection e.V. setzt mit Kampagnen für Kriegsdienstverweigerer aus Kriegsgebieten Schwerpunkte. Wir bieten Aktionsmaterial an, Veranstaltungsangebote für Gruppen, Themenhefte und vieles mehr.

Regelmäßige Informationen

Alle zwei Monate erscheint der Rundbrief *KDV im Krieg* zur antimilitaristischen Arbeit, zu Rekrutierung, Verweigerung und Asyl weltweit.

Fördern Sie die internationale Arbeit für Kriegsdienstverweigerer

Für diese Arbeit braucht Connection e.V. eine unabhängige finanzielle Basis. Deshalb bitten wir Sie um Ihre Spende auf Konto 70 85 700 bei der Bank für Sozialwirtschaft, BLZ 370 20 500. Spenden sind steuerlich abzugsfähig.

Connection e.V., Gerberstr. 5, 63065 Offenbach
Tel.: 069-8237 5534, Fax: 069-8237 5535
Email: office@Connection-eV.de
http://www.Connection-eV.de

**Trotzdem
Verlagsgenossenschaft**

Ein anarchistisches Projekt

Mit der Gründung der Trotzdem Verlagsgenossenschaft ist es nach langer Zeit wieder einmal gelungen, ein breites anarchistisches Projekt zu initiieren. Die Genossenschaft hat den Trotzdem Verlag komplett mit allen Büchern und Rechten übernommen und führt das Programm weiter: Klassiker des Anarchismus, libertäre Geschichte, aktuelle Theorie und Wissenschaft, Staats- und Gesellschaftskritik.

Unsere neuen Buchveröffentlichungen:

- zum Ausbau des Frankfurter Flughafens im Spannungsfeld der Globalisierung: *Turbulenzen*
- zum 11. September und seinen Folgen: *Angriff auf die Freiheit?* und *Von Kabul nach Bagdad?* (Januar 2003);
- zum Nahostkonflikt: *Gefangen zwischen Terror und Krieg?*

Gute Bücher fallen nicht vom Himmel

Mit Ideen, Vorschlägen oder durch die Organisation von Veranstaltungen können die Mitglieder der Genossenschaft für ein vielfältiges Verlagsprogramm und die Verbreitung libertärer Sichtweisen und Denkansätze sorgen.

Mit ihren Anteilen sichern die Genossinnen und Genossen die publizistische Arbeit des Verlags. Die Mitgliedschaft in der Genossenschaft steht allen Interessierten offen. Jedes Mitglied zeichnet mindestens einen Anteil in Höhe von 250 €, kann sich aber auch mit einem Vielfachen davon beteiligen. Die Genossenschaftsmitglieder erhalten einen Mitgliedsrabatt von 30% auf alle Bücher des Verlags.

Trotzdem Verlagsgenossenschaft
trotzdemusf@t-online.de
www.trotzdem-verlag.de

Noam Chomsky

Wege zur intellektuellen Selbstverteidigung

Medien, Demokratie und die Fabrikation von Konsens

Herausgegeben von Mark Achbar
2001 (2. überarbeitete Auflage)
250 Seiten, Format 23x21,5 cm
etwa 200 s/w-Fotos
22 €
ISBN 3-922209-88-2

Das Buch zum vielgerühmten Dokumentarfilm *Manufacturing Consent*, der ein Kaleidoskop an Ausschnitten aus Reden und Diskussionen von und mit Noam Chomsky bietet.

In *Wege zur intellektuellen Selbstverteidigung* wird auf der Grundlage des Films zum ersten Mal ein umfassender Überblick über das Denken und den Werdegang dieses wohl bekanntesten Kritikers der US-amerikanischen Außen- und Wirtschaftspolitik gegeben. In eindrucksvollen Montagen finden sich Streitgespräche mit Michel Foucault oder Tom Wolfe, Diskussionen über Meinungsfreiheit, über Anarchismus und libertäre Ideen oder faktenreiche Auseinandersetzungen mit Journalisten zu Kambodscha, Ost-Timor oder Nicaragua.

Mit seinen detaillierten Untersuchungen zerpflückt Noam Chomsky den US-amerikanischen Mythos von der freiheitsliebenden und menschenfreundlichen demokratischen *Supermacht*. Immer wieder vermag er scheinbare Realitäten durch eine Veränderung des Blickwinkels in Frage zu stellen.

Sein besonderes Augenmerk gilt hierbei der Rolle der Medien und ihren manipulativen Methoden bei der gesellschaftlichen *Fabrikation von Konsens*.

Anarchist, politischer Analytiker und Professor für Linguistik und Philosophie – Noam Chomsky, geboren 1928 in Philadelphia, ist all das und oftmals sogar in dieser Reihenfolge. Seine Vielseitigkeit, seine wissenschaftlichen und politischen Publikationen und Vorträge machen ihn zu einem der meist gelesenen und zitierten lebenden Publizisten.

Noam Chomsky

Die politische Ökonomie der Menschenrechte

Politische Essays
und Interviews

Zusammengestellt von
Michael Schiffmann
2001 (2. Auflage), 202 S.
18 €
ISBN 3-931786-10-2

Aktuelle Aufsätze und Interviews von und mit Noam Chomsky, dem „einflussreichsten Intellektuellen der westlichen Welt".

Chomsky, einer der bekanntesten Kritiker von Neoliberalismus und Globalisierung, setzt sich gewohnt profunde mit der US-Politik, den Medien und den Menschenrechten auseinander. Dazu liefert er eine Fülle von Informationen, die auf anderem Wege kaum jemals die Öffentlichkeit erreichen würden. Ausgewählt wurden die Aufsätze: *Die USA und die Relativität der Menschenrechte*; *Schurkenstaaten*; *Der Kampf um größere Bewegungsfreiheit im Käfig*; *Warum Mainstreammedien „Mainstream" sind* und *Wessen Weltordnung: Zweierlei Visionen* aus dem *Z-Magazin* und *Black&Red Revolution*. Dazu das Interview *Anarchismus, Marxismus und Hoffnungen für die Zukunft*.

**Lesereise
mit Michael Schiffmann**

Michael Schiffmann, Chomsky-Übersetzer und Herausgeber mehrerer Textbände, steht für Diskussionen und Lesungen zu Noam Chomsky zur Verfügung. Vorgestellt werden Passagen aus *Die politische Ökonomie der Menschenrechte* und Ausschnitte aus dem Film *Manufacturing Consent*.

Kontakt über den Verlag

Michael Wilk

Macht, Herrschaft, Emanzipation

Aspekte anarchistischer Staatskritik

1999, 138 Seiten
10 €
ISBN 3-931786-16-1

Vor dem Hintergrund seiner jahrelangen aktiven Erfahrung in der anarchistischen Bewegung setzt sich Michael Wilk mit den modernen Strukturen staatlicher Herrschaft über den Menschen auseinander. Machtstrukturen bleiben nicht folgenlos und beeinflussen das Verhalten und die Psyche aller Beteiligten. Und niemand ist nur Opfer, nur Täter. So ist ein wesentlicher Aspekt seiner Analyse auch das eigene Verhältnis zur Macht.

Im Mittelpunkt stehen jedoch emanzipative Bewegungen und die Reaktionen und Befriedungsstrategien des Staates zur Herrschaftssicherung. Beispielhaft dargestellt werden die Veränderungen in diesem Bereich am Mediationsverfahren um den weiteren Ausbau des Rhein-Main-Flughafens.

Claude Lanzmann

Shoa

Mit einem Vorwort von Simone de Beauvoir

1999, 240 Seiten
17 €
ISBN 3-922209-87-4

Zwölf Jahre lang hat Claude Lanzmann Augenzeugen des Holocausts befragt. Überlebende, die als Opfer und Täter, als Zuschauer oder Mitwisser erlebt und gesehen haben, was in den Ghettos und Lagern geschah. Mit kurzen, präzisen Fragen fordert er sie heraus, das Vergangene noch einmal zu erzählen. Auf seine Fragen fand er Antworten, die die Erinnerung und den Schmerz spiegeln, aber auch die Verdrängung und die Lüge. Antworten eines Reichsbahnbeamten ebenso wie die des Historikers Raul Hilberg, der Schriftstellerin Inge Deutschkron, eines SS-Mannes oder eines überlebenden Friseurs.

Das Buch *Shoah* ist mehr als nur das Buch zum Film. Reduziert auf das geschriebene Wort, überlässt der Text die Leserinnen und Leser ihrem eigenen Rezeptionsrhythmus und weckt, auch ohne die Begleitung der Bilder, tiefe Impressionen über das Geschehene.

Paul Lafargue

Das Recht auf Faulheit

Widerlegung des
„Rechts auf Arbeit“ von 1848

1998, 73 Seiten
7 €
ISBN 3-931786-03-X

Schon der Titel ist eine einzige Provokation. *Recht auf Müßiggang* etwa hätte in manchen Ohren noch annehmbar geklungen. Nicht aber *Faulheit*, jenes Synonym für *arbeitsscheu* oder ganz modern *Sozialhilfemissbrauch*. Lafargue symbolisiert damit unmissverständlich, dass er nicht um bessere Arbeitsbedingungen bitten, sondern ganz grundsätzlich den vorherrschenden Ethos und den Zwangscharakter von Arbeit kritisieren will.
Insofern ist diese Schrift denn auch unsere Kampfansage gegen zunehmende Zwangsverpflichtungen von Arbeitslosen und SozialhilfeempfängerInnen, gegen *Zumutbarkeitsregelungen* oder Kürzungen im Sozialbereich.

Schwarzer Faden

Vierteljahresschrift
für Lust und Freiheit

Einzelheft 4 €
Abonnement: 15 €
(vier Ausgaben)

Mit jeder Ausgabe bietet der *Schwarze Faden* seit 1980 alle drei Monate aufs Neue eine Mischung aus aktuellen politischen Ereignissen, Internationalismus, aktualisierter libertärer Theorie, freiheitlicher Geschichts(be)schreibung sowie einer Kultur- und Medienkritik *von unten*.

Beiträge, Fotos, Graphiken oder anderweitige Mitarbeit bei Vertrieb, Übersetzung und Layout sind ausdrücklich erwünscht.

Im Sommer 2001 wurde der *Verein zur Förderung libertärer Bildungsarbeit e.V.* gegründet. Zweck des Vereins – neben der Organisation von Veranstaltungen, Lesungen und Diskussionen – ist die weitere Herausgabe des *Schwarzen Fadens*.

Seit Januar 2001 gemeinnützig, kann der Verein jederzeit mit Spenden bedacht werden (Kto: W. Haug, Postbank Stuttgart; Kto.-Nr.: 574 63-703; BLZ 600 100 70), für die wir abzugsfähige Spendenquittungen ausstellen.

Redaktionsgruppe Schwarzspecht (Hrsg.)

Turbulenzen

Widerstand gegen den Ausbau des Rhein-Main-Flughafens

Geschichte, Fakten, Facetten
Mit Fotos von Klaus Malorny u.a.
2002
144 Seiten, Format 19,6 x 24,4 cm
18 €
ISBN 3-931786-21-8

Seit der ersten Ankündigung eines weiteren Ausbaus des Frankfurter Flughafens sorgen die Pläne für Diskussionen, Unsicherheit und Widerstand in der Region. Wie bereits beim Bau der Startbahn West vor fast zwei Jahrzehnten wehren sich Bewohnerinnen und Bewohner gegen die Absichten von Landesregierung und Flughafenbetreiber.

Turbulenzen ist das Buch zum breitgefächerten Flughafen-Widerstand im Rhein-Main-Gebiet – es wurde zusammengestellt von Ausbaugegnerinnen und -gegnern.

Enthalten sind Geschichten von phantasievollen Aktionen gegen Macht und Willkür, Beiträge zur Geschichte des Flughafens, zur Beeinträchtigung der Gesundheit durch Fluglärm und zu skandalösen Arbeitsbedingungen der *gering Qualifizierten* am *Rhein-Main Airport*. In den Blick gerückt werden Mediationsverfahren, Proteste gegen Internierung und Abschiebung von Flüchtlingen und die Auswirkungen des Flugtourismus auf Klima und Urlaubsländer.

Wolfgang Haug (Hrsg.)

Angriff auf die Freiheit?

Die Anschläge in den USA und die „Neue Weltordnung“

Hintergründe – Analysen – Positionen
2002 (2. Auflage)
128 Seiten
12 €
ISBN 3-931786-25-0

Mit Beiträgen von Noam Chomsky, Eduardo Galeano, Arundhati Roy, Saskia Sassen, Robert Fisk, Uri Avnery, Tariq Ali, Howard Zinn, Vandana Shiva, Ariel Dorfman, George Monbiot, Martin Lee und einer Stellungnahme von *Human Rights Watch*.

Seit dem 11. September sind die Anschläge in den USA, der Krieg in Afghanistan und die drohende Eskalation in weiteren Ländern oder Regionen das weltweit beherrschende Thema.

Im Mittelpunkt von *Angriff auf die Freiheit?* stehen die Fragen nach den Ursachen der Anschläge, den Motiven und der Legitimität der militärischen Reaktionen. Dabei folgen die Autorinnen und Autoren aus den USA, Asien und Lateinamerika nicht der simplen Logik von Rache und Vergeltung, sondern hinterfragen auch die Rolle der USA als einziger *Supermacht* und schauen auf die Situation in den Ländern der südlichen Hemisphäre. Sie widersprechen in ihren Beiträgen allen Theorien, die in den Anschlägen einen Glaubens- oder Kulturkonflikt sehen und suchen die Antworten auf die aktuelle Situation in der realen Politik.

21. MÄRZ 2002
HUNDERT JAHRE BUNDESHAUS
Innen düster, aussen umkämpft
Das Bundeshaus in Bern feiert den Hundertsten. Sein Architekt Hans Wilhelm Auer schrieb: «Es gibt keine constructive Idee, die so schön, so kühn und grossartig zugleich ist wie die Wölbung einer Kuppel.» Seine Gegner waren anderer Meinung. Umkämpft ist es noch heute. Weniger ästhetisch als politisch 5
WoZ
DIE WOCHENZEITUNG
Lesen Sie über Politik, was Sie sonst über Politik nicht lesen können.
Wer die WoZ liest, liest eine Wochenzeitung, die finanziell völlig unabhängig ist und deshalb schreiben kann, was sie schreiben will.
Probe-Abo: Telefon ++41 1 448 14 44 oder www.woz.ch